미래형 교육 혁신,
국제 바칼로레아 IB

김은미 지음

목차

프롤로그   8

I. 들어가며   14

II. 국제바칼로레아(IB) 개요   20

  1. 국제 바칼로레아 역사적 배경   20
  2. 국제 바칼로레아 교육과정 개요   21
  3. 국제 바칼로레아 장점 및 혜택   22
    1) 학생에 대한 교육적 장점 및 혜택   22
    2) 교사에 대한 교육적 장점 및 혜택   22
    3) 학교에 대한 교육적 장점 및 혜택   22
  4. 국제 바칼로레아 교육 접근 방식   23
    1) 교수 관련 접근 방식   23
    2) 학습 관련 접근 방식   24
  5. 국제 바칼로레아 국가별 협약 내용   26
  6. 국제 바칼로레아 언어 규정   29
  7. 국제 바칼로레아 사명 선언문   31
  8. 국제 바칼로레아 학습자상   32

III. 초등교육 프로그램(PYP)   38

  1. PYP 개요   38
  2. PYP 커리큘럼과 프레임워크   39
  3. PYP 학습자   40

1) PYP 자기주체성	41
2) PYP 학습 프로젝트 발표회	42

4. PYP 학습과 교수   42
    1) 과목을 초월하는 학제 간 학습   43
    2) 개념 중심 탐구   43

5. PYP 초학문 주제   45

Ⅳ. 중등교육 프로그램(MYP)   51

1. MYP의 개요   50
    1) MYP 교육의 목표   50
    2) MYP 교육의 내용   51

2. MYP의 커리큘럼   52
    1) MYP 학제 간 단원(Interdisciplinary Unit)   53
        (1) 학제 간 학습의 중요성   53
        (2) 학제 간 교육의 구조화   53
        (3) 학제 간 학습의 주제 개요   54
           ① 과정 설명 및 목표   54
           ② 커리큘럼 모델 개요   55
           ③ 평가 모델   55
    2) MYP 장기 프로젝트(Long-Term Project)   56
        (1) MYP 장기 프로젝트 개요   56
        (2) MYP 장기 프로젝트 목표   57
        (3) MYP 장기 프로젝트 학습 내용   58
    3) MYP 세부 커리큘럼   58
        (1) 언어 습득(Language Acquisition)   58
           ① 언어 습득 과정 개요   58
           ② 언어 습득 과정 목표   59
           ③ 언어 습득 커리큘럼 모델   60
        (2) 언어와 문학(Language and Literature)   61
           ① 언어와 문학 과정 개요   61
           ② 언어와 문학 과정 목표   62

  ③ 언어와 문학 커리큘럼 모델 ··· 63
 (3) 개인과 사회(Individuals and Societies) ··· 64
  ① 개인과 사회 과정 개요 ··· 64
  ② 개인과 사회 과정 목표 ··· 64
  ③ 개인과 사회 커리큘럼 모델 ··· 65
 (4) 과학(Sciences) ··· 66
  ① 과학 과정 개요 ··· 66
  ② 과학 과정 목표 ··· 67
  ③ 과학 커리큘럼 모델 ··· 67
 (5) 수학(Mathematics) ··· 68
  ① 수학 과정 개요 ··· 68
  ② 수학 과정 목표 ··· 69
  ③ 수학 커리큘럼 모델 ··· 70
 (6) 예술(Arts) ··· 71
  ① 예술 과정 개요 ··· 71
  ② 예술 과정 목표 ··· 72
  ③ 예술 커리큘럼 모델 ··· 72
 (7) 체육 및 건강 교육(Physical and health education) ··· 73
  ① 체육 및 건강 교육 과정 개요 ··· 73
  ② 체육 및 건강 교육 과정 목표 ··· 74
  ③ 체육 및 건강 교육 커리큘럼 모델 ··· 74
 (8) 디자인(Design) ··· 75
  ① 디자인 과정 개요 ··· 75
  ② 디자인 과정 목표 ··· 75
  ③ 디자인 커리큘럼 모델 ··· 76

3. MYP 평가와 시험 ··· 77
 1) MYP 평가의 개요 ··· 77
 2) 내부 평가와 선택적 외부 평가 ··· 77
  (1) 내부 평가 ··· 77
  (2) 선택적 외부 평가 ··· 78
   ① 개인 프로젝트(personal project) ··· 79

② e포트폴리오(e-Portfolios) ... 81
　　③ 화면 시험(On-Screen Examinations) ... 82
　3) MYP 세부 커리큘럼 평가 ... 83
　　(1) 언어 습득(Language Acquisition) 평가 ... 83
　　(2) 언어와 문학(Language and Literature) 평가 ... 84
　　(3) 개인과 사회(Individuals and Societies) 평가 ... 85
　　(4) 과학(Sciences) 평가 ... 86
　　(5) 수학(Mathematics) 평가 ... 87
　　(6) 예술(Arts) 평가 ... 88
　　(7) 체육 및 건강 교육(Physical and Health Education) 평가 ... 90
　　(8) 디자인(Design) 평가 ... 91

V. 디플로마 프로그램(DP) ... 94

1. DP 개요 ... 94
　1) DP 교육 목표 ... 94
　2) DP 교육 내용 ... 95

2. DP의 커리큘럼 ... 98
　1) DP의 핵심 과목 ... 98
　　(1) 지식 이론(Theory of Knowledge) ... 99
　　(2) 확장 에세이(Extended Essay) ... 100
　　(3) 창의성, 활동, 봉사(Creativity, Activity, Service) ... 102
　2) DP의 6개 주요 과정 및 세부 과목 ... 103
　　(1) 언어와 문학 연구(Studies in language and literature) ... 103
　　　① 언어A : 문학(Language A: literature) ... 103
　　　② 언어A : 언어와 문학(Language A: language and literature) ... 104
　　　③ 문학과 공연(Literature and performance) ... 104
　　(2) 언어 습득(Language acquisition) ... 107
　　　① 고전언어(Classical languages) ... 107
　　　② 언어 기초(Language Ab initio) ... 108
　　　③ 언어B(Language B) ... 110
　　(3) 개인과 사회(Individuals and Societies) ... 111

① 비즈니스 관리(Business management) 111

② 디지털 사회(Digital society) 114

③ 경제학(Economics) 116

④ 지리(Geography) 119

⑤ 글로벌 정치(Global politics) 121

⑥ 역사(History) 123

⑦ 세계종교(World religions) 125

⑧ 철학(Philosophy) 127

⑨ 심리학(Psychology) 128

⑩ 사회 및 문화 인류학(Social and cultural anthropology) 131

(4) 과학(Sciences) 133

① 생물학(Biology) 133

② 화학(Chemistry) 137

③ 컴퓨터 과학(Computer science) 139

④ 디자인 기술(Design technology) 143

⑤ 환경 시스템 및 사회(Environmental systems and societies) 145

⑥ 물리학(Physics) 147

⑦ 스포츠, 운동 및 건강 과학(Sports, Exercise and Health Science) 150

(5) 수학(Mathematics) 152

① 분석 및 접근법(Analysis and approaches) 153

② 응용 및 해석(Applications and interpretation) 153

(6) 예술(Arts) 156

① 댄스(Dance) 156

② 영화(Film) 157

③ 음악(Music) 159

④ 연극(Theatre) 160

⑤ 시각 예술(Visual arts) 162

3. DP 평가와 시험 164

 1) **DP 평가 개요** 164

 2) 내부 평가와 외부 평가 165

  (1) 내부 평가 165

    (2) 외부 평가 ... 165
  3) DP 핵심 과목 평가 ... 166
  4) DP의 6개 주요 과정 및 세부 과목 평가 ... 167
    (1) 언어와 문학 연구(Studies in Language and Literature) 평가 ... 167
    (2) 언어 습득(Language acquisition) 평가 ... 170
    (3) 개인과 사회(Individuals and Societies) 평가 ... 172
    (4) 과학(Sciences) 평가 ... 174
    (5) 수학(Mathematics) 평가 ... 176
    (6) 예술(Arts) 평가 ... 178

VI. 직무연관 프로그램(CP) ... 184

1. CP의 개요 ... 184
2. CP의 커리큘럼 ... 185
  1) CP 핵심 과목 ... 186
    (1) 개인 및 전문 기술 ... 186
    (2) 봉사 학습 ... 186
    (3) 성찰 프로젝트 ... 186
    (4) 언어 개발 ... 187
  2) 진로 관련 학습 ... 187

VII. 국제바칼로레아 교육의 성과 ... 194

1. MYP 교육의 성과 ... 194
2. DP 교육의 성과 ... 197

VIII. 나가며 ... 202

에필로그 ... 204

프롤로그

　미래 사회는 4차 산업혁명, 저출생으로 인한 학령인구 감소, 인구구조의 변화, 기후변화 위기, 디지털 대전환, 인공지능 기술의 발달 등으로 축약될 수 있다. 앞으로 다가올 불확실한 미래에 대비하기 위한 공교육의 과제는 과연 무엇일까? 아마도 학생들에게 미래 사회에 필요한 역량을 길러주는 일이 될 것이다. 그렇다면 학교는 미래 사회를 살아갈 학생들이 성장하고 발전할 수 있도록 어떻게 도와야 하는가?

　2022 개정 교육과정에서는 학생의 주도성을 강조하고 있다. 2022 개정 교육과정의 비전은 포용성과 창의성을 갖춘 주도적인 사람의 양성이다. 학생의 주도성을 길러주기 위해서는 깊이 있는 학습과 탐구기반의 교실 수업 개선이 필요하다. 우리는 교실 수업을 개선하기 위한 한 방법으로 IB 교육을 말할 수 있다.

　학생들은 IB 교육을 통해 지식과 정보를 수집하여 비판적으로 읽고 선별하며 친구들과 소통하고 협력하여 창의적이고 융합적인 사고를 경험한다. 자신만의 전문적인 글을 쓰고 토의·토론 과정을 거치면서 깊이 있게 사고하고 탐구한다. 창의적으로 문제를 해결하고 새로운 상황에 능동적으로 대처하며 자기 주도성과 창의융합적인 역량을 기르게 된다.

물론 평가와 시험에 있어서는 아직 대한민국 입시에 정착되기까지 더 많은 노력과 시간이 필요할 것이다. 하지만 IB 교육을 받은 학생들의 학습역량과 자기 효능감 향상이라는 긍정적인 결과는 우리 대한민국 공교육에 전하는 메시지가 크다. 공교육의 입장에서 볼 때 IB 교육의 장점은 사교육에서는 불가능한 공교육의 혁신적인 모델이라 할 수 있겠다. 그만큼 IB 교육은 공교육에서 큰 경쟁력으로 작용할 것이다.

IB 교육의 역사를 보면 한때 유행처럼 지나가는 교육적 패러다임이 아니다. 1968년부터 지금까지 60년 가까이 탄탄하게 다져온 내공이 있는 교육 프로그램이다. 현재까지 전 세계의 수많은 국가와 학교에서 IB 교육의 장점과 혜택을 적극적으로 받아들이고 있다.

저자는 IB 교육에 대해 제대로 알지 못하는 교사와 학부모, 그리고 초·중·고 학생과 직업계 학교 학생들이 IB 교육 전반에 대해 쉽게 이해할 수 있도록 책을 펴냈다. 스위스 IBO홈페이지의 내용들을 주로 번역하여 직관적으로 이해할 수 있도록 개조식의 방법으로 내용을 서술하고 표를 이용하였다.

국내의 IB 교육 프로그램을 도입한 학교는 경기도 의왕시 소재 특목고인 '경기외국어고등학교', 충남 아산시에 소재한 자율형 사립고인 '충남

삼성고등학교'가 있다. 제주시교육청에는 2023년 12월 기준, 월드스쿨 8개교, 후보학교 4개교, 관심학교 1개교가 있다. 그리고 2024년 3월 기준, 대구시교육청에서는 월드스쿨 24개교, 후보학교 8개교, 관심학교 9개교, 기초학교 56개교 등 총 97개교에 달한다. IB 교육 프로그램을 도입할 학교는 앞으로 꾸준히 늘어날 전망이다.

2019년 7월, 대구시교육청과 제주시교육청은 국제 바칼로레아 기구(International Baccalaureate Organization, IBO)와 한글화를 위한 업무협약(MOC)을 체결하였으며 지금까지 IB 교육 프로그램 도입과 확산에 적극 나서고 있다. 또한 2022년 경기도교육청은 IB지원 체계 구축 및 전문인력 양성을 위해 IB 교육 도입과 확산을 위한 기본 정책을 수립하였다.

본 책에서는 IB 교육 프로그램의 중심인 초등교육 프로그램(PYP), 중등교육 프로그램(MYP), 디플로마 프로그램(DP), 직무연관 프로그램(CP) 등에 대해 상세히 설명하고 IB 교육 프로그램의 핵심 가치에 대해 서술하고자 한다.

**미래형 교육 혁신,
국제 바칼로레아 IB**

I.
들어가며

I
들어가며

　IB(International Baccalaureate)란? 스위스에 본부를 둔 비영리교육재단인 IBO(International Baccalaureate Organization)에서 개발·운영하는 국제 인증 학교 교육 프로그램으로서 2023년 11월 기준, 전 세계 159개국, 5,600여교에서 운영 중이다. 20세기 중반, 국제 표준 교육과정의 필요성에 따라 유네스코와 같은 다양한 국제기구는 IBO의 설립을 적극 추진하였다. 그 결과 2021년 11월, 지역별 IB 교육 국가 및 학교 수는 아프리카 유럽중동(AEME) 98개국, 1,434개교, 아시아태평양(AP) 28개국, 1,109개교, 미주(America) 33개국 2,858개교로 총 159개국 5,401개교이다.

　IB 교육의 목표는 서로 다른 문화를 이해하고 존중하며 더 나은 평화로운 세상을 실현하는데 기여할 수 있는, 지식이 풍부하고 탐구심과 배려심을 지닌 인재 육성이다. IB 교육의 목표는 우리 나라 교육기본법인 '홍익인간의 이념 아래 모든 국민으로 하여금 인격을 도야하고 자주적 생활능력과 민주시민으로서 필요한 자질을 갖추게 함으로써 인간다운 삶을 영위하게 하고 민주국가의 발전과 인류공영의 이상을 실현하는 데에 이바지하게 함을 목적'으로 한다는 교육이념과 같다.

현재 IB는 초등학교 프로그램(Primary Years Programme, PYP), 중학교 프로그램(Middle Years Programme, MYP), 디플로마 프로그램(Diploma Program, DP) 및 직무연관 프로그램(Career-related Programme, CP)을 각각 운영하고 있다.

본 책에서는 국제바칼로레아(IB) 개요, 초등교육 프로그램(PYP), 중등교육 프로그램(MYP), 디플로마 프로그램(DP), 직무연관 프로그램(CP) 등으로 대별하여 차례로 설명하고 마지막에 국제바칼로레아 교육의 성과에 대해 서술하였다.

국제바칼로레아(IB) 개요는 국제 바칼로레아의 역사적 배경, 교육과정, 장점 및 혜택, 교육 접근 방식, 국가별 협약 내용, 언어 규정, 사명 선언문, 학습자상 등을 설명하였다.

초등교육 프로그램(PYP)에서는 PYP의 개요, 커리큘럼과 프레임워크, 학습자, 학습과 교수, 학습 커뮤니티 등을 중심으로 서술하였다. 중등교육 프로그램(MYP)에서는 MYP의 개요, 학제 간 단원, 장기 프로젝트, 그리고 언어 습득(Language Acquisition), 언어와 문학(Language and Literature), 개인과 사회(Individuals and Societies), 과학(Sciences), 수학(Mathematics), 예술(Arts), 체육 및 건강 교육(Physical and health education), 디자인(Design) 등 주요 8개 세부 커리큘럼의 개요와 목표, 그리고 MYP의 평가와 시험 등에 대해 서술하였다.

디플로마 프로그램(DP)에서는 DP의 개요, 교육의 목표, 교육의 내용, 커리큘럼, 핵심 과목, 그리고 언어와 문학 연구(Studies in Language and Literature), 언어 습득(Language Acquisition), 개인과 사회(Individuals and Societies), 과학(Sciences), 수학(Mathematics), 예술(Arts) 등 DP의 6개 주요 과목 및 세부 과목을 설명하였다.

직무연관 프로그램(CP)에서는 CP의 개요, 커리큘럼, 개인 및 전문 기술, 봉사 학습, 성찰 프로젝트, 언어 개발 등 핵심 과목과 진로 관련 학습, 그리고 CP의 평가와 시험 등에 대해 서술하였다.

마지막 장에서는 국제바칼로레아 교육의 성과를 MYP 교육의 성과 및 DP 교육의 성과로 나누어 설명하였다.

**미래형 교육 혁신,
국제 바칼로레아 IB**

II.
국제 바칼로레아(IB) 개요

II
국제 바칼로레아(IB) 개요

1. 국제 바칼로레아 역사적 배경

20세기 중반, 세계화가 가속화되면서 해외 파견근무를 하는 전문인력들의 수는 빠르게 증가하였다. 이러한 글로벌 전문인력들은 많은 국가에서 다채로운 문화를 겪으며, 그들의 자녀들 역시 다양한 환경에서 성장하게 되었다. 이에 따라 자녀들에게 제공되는 교육에 대한 필요성과 중요성이 강조되기 시작했다.

국제적으로 인정받는 교육 수준을 제공하기 위해 국제 표준 교육과정이 필요하게 되었는데, 이는 다양한 국가와 문화에서 성장하는 학생들이 공통의 학문적 기준을 가질 수 있도록 하기 위한 것이었다. 이러한 필요성에 대응하여 제네바에 본부를 둔 '세계노동기구(International Labour Office)'와 '국제연맹(The League of Nations)' 등의 국제기구는 직원들의 자녀들을 위한 국제적인 교육기관의 설립을 추진하였다.

유네스코와 같은 다양한 국제기구는 이러한 교육기관의 설립과 운영을 위해 재정적 지원을 아끼지 않았다. 또한, 학교 현장에서 교사, 관리자, 행정가는 이러한 국제 표준 교육과정을 실현하기 위한 다양한 노력을 기울였다. 이러한 노력의 결과로 1968년에 스위스 제네바를 기반으로 「국제 바칼로레아 기구((International Baccalaureate Organization, IBO)」가 설립되었다.

2. 국제 바칼로레아 교육과정 개요

「국제 바칼로레아(International Baccalaureate, 이하 IB)」는 「국제 바칼로레아 기구(International Baccalaureate Organization, 이하 IBO)」라고도 하며, 스위스 제네바에 자리 잡고 있다.

국제 바칼로레아 주관 교육과정은 연령에 따라 만 3세부터 12세까지는 「초등학교 프로그램(Primary Years Programme, 이하 PYP)」, 만 11세부터 16세까지는 「중학교 프로그램(Middle Years Programme, 이하 MYP)」, 만 16세부터 19세까지는 대학 진학 과정인 「디플로마 프로그램(Diploma Program, 이하 DP)」과 직업 과정인 「직무연관 프로그램(Career-related Programme, 이하 CP)」으로 각각 구성되어 있다.

3. 국제 바칼로레아 장점 및 혜택

「국제 바칼로레아 기구(IBO)」에서 안내하고 있는 「국제 바칼로레아(IB) 교육 프로그램」의 장점과 혜택은 다음과 같다.

1) 학생에 대한 교육적 장점 및 혜택

IB 학습자는 비판적으로 사고하고 복잡한 문제를 해결하도록 교육한다. 학생 스스로 학습을 주도하여 전 세계 최고 수준의 대학에 진학할 수 있는 교육 프로그램을 제공하는 것이 목표이다. 제2 언어 개발을 통해 문화적인 인식을 확대하고, 빠르게 변화하는 세계화 환경에서 다른 사람들과 소통할 수 있는 교육 프로그램을 제공한다.

2) 교사에 대한 교육적 장점 및 혜택

IB 교사에게는 비판적 사고, 자기 성찰, 평생 학습 및 지속적인 개선을 위한 수준 높은 교육 전문성 개발의 기회가 주어진다. 특히 혁신적이고 다양한 교육 프레임워크, 단원 계획서, 교육 자료 및 평가 도구를 제공한다. 또한 세계적으로 유명한 대학에서 제공하는 인증 및 학위 프로그램이 주어지며, 학교 공부를 넘어 지속적인 탐구와 평생 학습에 동기를 부여하는 교육 프로그램의 혜택을 누릴 수 있다.

3) 학교에 대한 교육적 장점 및 혜택

IB 학교는 지식이 풍부하고 탐구심이 강한 학생의 개발을 지원하는 고품질 교육 프로그램을 운영할 수 있으며, 효과적인 교육자 및 협력적인 전문 학습 커뮤니티를 지원하여 교육 전문성을 개발할 수 있다. 또한 전 세계 IB 학교 네트워크를 통해 IB 교육의 모범 사례를 공유할 수 있다.

4. 국제 바칼로레아 교육 접근 방식

1) 교수 관련 접근 방식

모든 IB 프로그램에서 「탐구 기반(Basing on Inquiry)」, 「개념 이해 중점(Focusing on Conceptual Understanding)」, 「지역 및 글로벌 맥락 개발(Developing in Local and Global Contexts)」, 「효과적인 팀워크와 협업 중점(Focusing on Effective Teamwork And Collaboration)」, 「학습자 다양성 존중을 통한 개별화교육 (Designing to remove Barriers to Learning)」, 「평가 정보의 제공(Informing by Assessment)」 등 6가지 교수 관련 접근법이 있다.

▍탐구 기반 (Basing on Inquiry)

학생들이 스스로 정보를 찾아내고 자신의 이해를 구성하는 데 중점을 둔다.

▍개념 이해 중점 (Focusing on Conceptual Understanding)

개념은 학문적 깊이를 더하기 위해 탐구하며, 이해를 심화시키고 학생들이 새로운 맥락으로 학습을 연결하고 이전할 수 있도록 돕기 위해 개념을 탐구한다.

▎지역 및 글로벌 맥락 개발 (Developing in Local and Global Contexts)

교육은 실제 상황과 사례를 적극 활용하며, 학생들은 새로운 정보를 자기 경험 및 주변 세계와 연결하여 새로운 정보를 처리하도록 장려한다.

▎효과적인 팀워크와 협업 중점
(Focusing on Effective Teamwork and Collaboration)

팀워크는 학생들 간의 협업뿐만 아니라 교사와 학생 간의 협력 관계를 의미하기도 한다.

▎학습자 다양성 존중을 통한 개별화교육
(Designing to Remove Barriers to Learning)

교육은 포용적이며 다양성을 중시해야 한다. 학생의 정체성을 인정하고 모든 학생이 성장할 수 있는 학습 기회를 창출하는 것이 중요하다. 적절한 개인 목표를 추구할 수 있는 학습 기회를 만드는 것을 목표로 한다.

▎평가 정보의 제공 (Informing by Assessment)

평가는 측정뿐만 아니라 지원에도 중요한 역할을 한다. 이 접근 방식은 또한 학생들에게 효과적인 피드백을 제공하는 중요한 역할을 한다.

2) 학습 관련 접근 방식

IB의 학습 관련 접근 방식은 학생들이 '어떻게 학습할 것인가(How To Learn)'에 초점을 맞춘다. 즉 IB는 학습 방법을 배우는 것이 학생 교육의 기본이라 믿는다. 여기에는 사고력(Thinking Skills), 연구 기술

(Research Skills), 의사소통 능력(Communication Skills), 사회적 기술(Social Skills), 자기 관리(Self-Management Skills) 등 다섯 가지 학습 관련 접근 방식이 있으며, 각 범주는 독립된 것이 아니라 상호 연관된 것으로 학습을 능동적이고 역동적인 과정으로 인식하도록 장려한다.

IB의 학습 관련 접근 방식의 다섯 가지 범주는 다음과 같다.

사고력 (Thinking Skills)
비판적 사고, 창의적 사고, 윤리적 사고와 같은 영역을 포함한다.

연구 기술 (Research Skills)
비교, 대조, 검증 및 정보의 우선순위 지정과 같은 기술을 포함한다.

의사소통 능력 (Communication Skills)
서면 및 구두 의사소통, 효과적인 경청, 논증 구성하기 등을 포함한다.

사회적 기술 (Social Skills)
긍정적인 관계 형성 및 유지, 경청, 갈등 해결 등의 영역을 포함한다.

자기 관리 (Self-Management Skills)
시간 및 작업 관리와 같은 조직 기술 및 마음 상태 및 동기 부여 관리와 같은 정서적 기술을 포함한다.

5. 국제 바칼로레아 국가별 협약 내용

국제 바칼로레아(IB) 교육에 대한 접근성을 높이기 위해 IB는 학군, 지역 및 국가 시스템과 긴밀히 협력하고 있다. 학군, 지역 또는 국가 수준에서 IB 프로그램을 시행하려는 경우, 해당 지역의 IB 지역 사무소에 문의가 가능하며, 현재 국가별로 얼마나 많은 학교가 IB 프로그램을 제공하고 있는지 IB 홈페이지[1]를 통해 확인할 수 있다.

2024년 현재, IB는 각 국가의 중앙 정부 혹은 지방 정부와 다양한 형태의 협약을 맺고 있으며, 주요 협약 국가는 캐나다, 에콰도르, 독일, 일본, 말레이시아, 대한민국, 스페인, 미국 등이다.

▎캐나다 (Canada)

IB는 캐나다의 여러 주 정부와 협약을 맺고 있다. 광범위한 교육 개혁, 모든 학생을 위한 IB 프로그램 접근, IB 교사 지원, 주정부 시스템 IB 통합, IB와 주 고등 교육과의 연계 등이 주요 협약의 내용이다.

▎에콰도르 (Ecuador)

에콰도르 정부는 IB 고등교육 프로그램(Diploma Program, DP)의 시행을 통해 주립 중등학교를 변화시킨 사례이다. 에콰도르는 현재 라틴 아메리카에서 가장 많은 디플로마 프로그램(DP) 학생을 보유한 국가 중 하나이

---

[1] The International Baccalaureate (IB) Homepage, IB by country/territory (https://ibo.org)

며, 에콰도르의 주 정부 후원 고등학교 중 약 30%에 DP를 제공할 계획이다.

독일 (Germany)

IB는 독일어로 역사, 생물학 및 지식이론(Theory of Knowledge, ToK)에 대한 평가 및 지원 서비스를 제공한다. 해외 독일 학교를 위한 중앙 기관(ZfA)은 독일 국내외의 학교에 독일어로 된 과목을 다루는 디플로마 프로그램(DP)을 제공한다.

일본 (Japan)

IB는 2013년 5월부터 일본 정부와 긴밀히 협력하여 이중 언어(Dual Language: 일본어 및 제2 언어) IB 디플로마 프로그램(DP)을 개발해 왔다. 이 프로젝트를 통해 경제, 역사, 생물, 화학, 물리, 수학 등 일부 과목과 DP의 핵심 구성요소인 '지식이론(Theory of Knowledge, ToK)', '확장 에세이(Extended Essay)', '창의성, 활동, 봉사'를 일본어로 가르치고 평가할 수 있게 되었다. 첫 번째 외부 평가는 2016년 11월에 일본어로 실시되었다.

말레이시아 (Malaysia)

2013년 말레이시아 정부는 세계 최고의 교육 시스템에 대한 검토를 실시했다. 이 검토를 바탕으로 IB의 중학교 프로그램(MYP)을 시행할 학교를 선정했다. IB는 현재 말레이시아 이노바시 교육청(AIM)과 협력하여 여러 말레이시아 주립학교에 서비스를 제공하고 있다. 이 협약의 하나로 IB는 학교 리더와 교사 모두를 위한 전문성 개발 프로그램을 제공한다.

▎아르메니아 공화국 (Republic of Armenia)

2014년 2월, 아르메니아 공화국 정부는 디플로마 프로그램(DP)을 인정하는 협정을 체결했다. 이 협약은 IB 규정 및 관행에 따라 국가 교육 당국에 워크숍을 제공하여 국가 내 IB 프로그램 실행을 강화했다.

▎마케도니아 공화국 (Republic of Macedonia)

2013년 7월, IB와 구 유고슬라비아 마케도니아 공화국(FYROM) 정부는 마케도니아 주립학교에서 초등학교 프로그램(PYP)과 중학교 프로그램(MYP)를 시행하는 협약을 체결했다.

▎스페인 (Spain)

2014년 7월, 스페인 정부는 IB와 공동 교육 협약을 체결했다. 이 협정은 여러 가지 사항을 포함하고 있으며, 디플로마 프로그램(DP) 및 직무 연관 프로그램(CP)을 통해 졸업생이 스페인 대학 시스템에 입학할 수 있다. IB의 중학교 프로그램(MYP)은 스페인 교육 시스템 내에서 국가 중등 교육과정(ESO)과 동등한 지위를 갖게 되었다.

▎미국 (United States of America)

IB는 미국의 여러 주 정부와 협약을 맺고 있다. 광범위한 교육 개혁, 모든 학생을 위한 IB 프로그램 접근, IB 교사 지원, IB를 주 시스템 통합 등이 주요 협약의 내용이다.

6. 국제 바칼로레아 언어 규정

　국제 바칼로레아(IB) 교육 프로그램은 현재 영어, 프랑스어, 스페인어 등 세 가지 언어로 운영하고 있다. 각 학교에서는 세 가지 언어로 전체 교육 및 평가를 제공하고 있다. 다른 언어로 프로그램을 실행하는 데는 다양한 수준의 지원이 있으며, 일부 개별 과목은 특정 정부 또는 민간 협력의 하나로 추가 언어를 제공한다.

　국제 바칼로레아는 문화 간 이해와 국제적 마인드를 증진하는 데 있어 기본이 되는 다국어를 지원하기 위해 노력하고 있으며, 다양한 문화적, 언어적 배경을 가진 학생들을 위해 IB 교육에 대한 접근성을 확대하고 있다. 이러한 목표를 염두에 두고 IB는 다국어 및 접근성과 관련된 IB의 가치와 목표가 조직 활동에 반영되도록 보장하는 프레임워크를 제공하기 위해 언어 정책을 제정했다.

　본 언어 정책은 IB가 다양한 언어로 프로그램을 실행하기 위해 학교와 교사에게 제공하는 지원 방식을 각각 정의한 것이다. 또한 IB가 지원하지 않는 언어로 프로그램을 시행하는 초등학교 프로그램(PYP) 및 중학교 프로그램(MYP)에 대한 지침을 제공한다. IB 언어 정책은 세 가지 언어 그룹과 해당 언어에 부여할 수 있는 5가지 지원 수준, 그리고 각각에 대해 해당 언어로 제공될 문서 및 서비스를 다음과 같이 정의하고 있다.

▍업무 언어 (Working Languages)

조직이 이해관계자와 소통하고 프로그램 실행에 필요한 모든 서비스를 제공하기 위해 사용하는 언어이다. 현재 Ib의 세 가지 업무 언어는 영어, 프랑스어, 스페인어이다.

▍접근 언어 (Access Languages)

보다 포용적이고 다양한 IB 커뮤니티를 발전시키기 위한 접근 목표와 목표를 달성하는 데 전략적으로 중요하다고 판단한 언어이다. 주로 교사 지원을 위해 선별된 서비스 및 문서를 해당 언어로 제공한다.

▍내부 업무 언어 (Internal Working Language)

영어는 대부분의 운영 및 개발 활동이 이루어지는 조직의 내부 업무 언어이다. 특히 거버넌스, 관리 및 학술 위원회의 언어이다.

▍교육 언어 (Language Of Instruction)

IB 월드스쿨(World School)이 학생들에게 IB 프로그램 과정에서 제공하는 언어이다.

▍응답 언어 (Response Language)

IB 학생이 내부 또는 외부 평가 참여 시 사용하는 언어이다.

7. 국제 바칼로레아(IB) 사명 선언문

사명 선언문은 회사나 조직이 추구하는 방향을 나타내는 중요한 문서이다. 즉 회사나 조직의 핵심 가치, 목표, 비전, 그리고 존재 이유를 명확하게 정의한 문서이다. 이는 회사나 조직의 발전과 방향성을 나타내며, 외부에 회사나 조직의 존재 이유와 가치를 알리고, 내부 조직원들에게는 목표와 방향을 제시하는 역할을 한다. 특히 사명 선언문은 회사나 조직의 정체성을 정립하고, 조직 구성원들의 업무 수행과 의사 결정에 영감을 제공하는 중요한 문서이다. 국제 바칼로레아(IB)의 『사명 선언문(IB Mission Statement)』은 다음과 같다.

> **국제 바칼로레아 사명 선언문 (IB Mission Statement)**
>
> IB는 한 단계 더 발전되고 평화로운 세계를 만들기 위해 타문화에 대한 이해와 존중을 강조하는 목표를 가지고 있다. 이를 위해 호기심 가득하고 총명하며 배려심이 있는 학생들을 양성하는 것이 궁극적인 목표이다. 『국제 바칼로레아 기구(IBO)』는 국제적인 교육과 엄격한 평가로 구성된 도전적인 프로그램을 개발하기 위해 학교, 정부 및 국제단체와 협력하고 있다. 이 프로그램은 전 세계 학생들이 더 활동적이고 베풀 줄 아는 평생 학습자로 성장할 수 있도록 지원하며, 다름 또한 옳다는 것을 인정하는 마음가짐을 갖추는 것을 목표로 한다.[2]

---

[2] The International Baccalaureate (IB) Homepage, International Baccalaureate Mission Statement (https://ibo.org)

8. 국제 바칼로레아(IB) 학습자상

모든 IB 프로그램의 목표는 국제적인 마인드를 갖춘 인재를 양성하는 것이다. 인류애와 지구의 공동 수호자로서 더 나은 평화로운 세상을 만드는 데 도움이 되는 국제적인 인재를 양성하는 것이다. 이를 위해 IB에서는 10가지 학습자상(IB learner profile)[3]을 제시하고 있다.

그것은 탐구적인 사람(Inquirers), 지식이 풍부한 사람(Knowledgeable), 사고력이 뛰어난 사람(Thinkers), 의사소통에 능한 사람(Communicators), 도덕적인 사람(Principled), 포용적인 사람(Open-Minded), 이해심이 깊은 사람(Caring), 도전을 즐기는 사람(Risk-Takers), 조화를 이루는 사람(Balanced), 성찰하는 사람(Reflective) 등이다.

탐구적인 사람 (Inquirers)

자연스러운 호기심을 키우고, 탐구와 연구를 수행하는 기술을 습득하며 독립적으로 학습하고 적극적으로 배우는 사람이다.

지식이 풍부한 사람 (Knowledgeable)

지역적이고 세계적으로 중요한 개념, 아이디어 및 문제를 탐구하며 깊은 지식을 얻고 광범위하고 균형 잡힌 주제에 대한 이해를 키우는 사람이다.

3　The International Baccalaureate (IB) Homepage, IB learner profile (https://ibo.org)

사고력이 뛰어난 사람 (Thinkers)

비판적이고 창의적인 사고를 통해 복잡한 문제를 이해하고 해결하며 합리적이고 윤리적인 결정을 내리는 주도적인 사람이다.

의사소통에 능한 사람 (Communicators)

다양한 언어와 방법으로 아이디어와 정보를 이해하고 표현하며 다른 사람들과 효과적으로 협력하는 사람이다.

도덕적인 사람 (Principled)

공평성을 가지고 개인, 그룹 및 지역사회의 존엄성을 존중하며 성실하고 정직하게 행동하며 자기 행동에 책임을 지는 사람이다.

포용적인 사람 (Open-minded)

자신의 문화를 이해하고 감사하며 다른 개인과 지역사회의 관점, 가치 및 전통을 열려고 하는 사람이다.

이해심이 깊은 사람 (Caring)

타인의 필요와 감정을 공감하고 연민과 존중을 나타내며 봉사활동에 참여하고 긍정적인 변화를 만들기 위해 행동하는 사람이다.

도전을 즐기는 사람 (Risk-takers)

익숙하지 않은 상황과 불확실성에 대해 용기를 갖고 새로운 역할, 아이디어 및 전략을 모색하기 위해 독립적으로 행동하는 사람이다.

| 조화를 이루는 사람 (Balanced)

지적, 신체적, 정서적 균형의 중요성을 이해하여 타인과 자신을 위한 안녕을 달성하는 사람이다.

| 성찰하는 사람 (Reflective)

배움과 경험을 깊이 반영하며 자신의 장점과 한계를 평가하고 이해하여 학습과 개인적인 발전을 지원하는 사람이다.

**미래형 교육 혁신,
국제 바칼로레아 IB**

III.
초등학교 프로그램 (PYP)

III 초등학교 프로그램(PYP)

1. PYP 개요

IB의 「초등학교 프로그램(Primary Years Programme, 이하 PYP)」은 3~12세 어린이를 위한 학생 중심의 교육 접근 방식 프로그램으로, 개념적 이해를 구축하는 탐구 기반의 폭넓은 학문적 커리큘럼 프레임워크를 제공하고 있다. 특히 IB 월드스쿨(World School)에서 도출된 최고의 교육 연구, 리더십 및 경험을 반영한다.

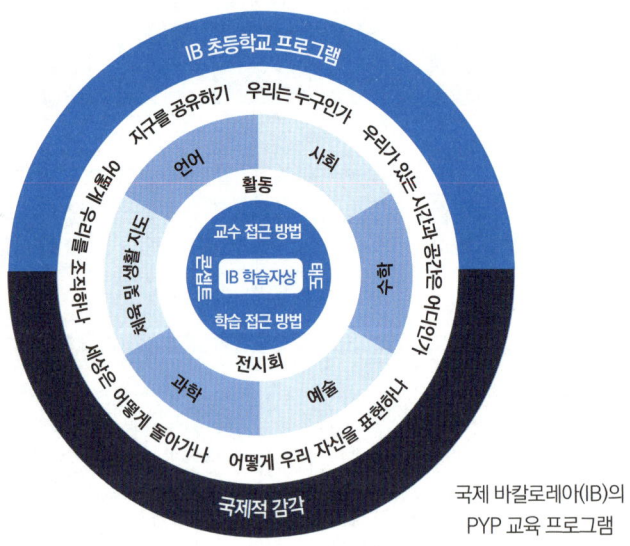

국제 바칼로레아(IB)의
PYP 교육 프로그램

2. PYP 커리큘럼과 프레임워크

IB의 PYP 커리큘럼 프레임워크(Curriculum Framework)[4]는 학생이 스스로 학습의 주체이자 학습 과정의 파트너라는 전제에서 출발한다. 이 프레임워크는 학습 커뮤니티를 구축하기 위해 사람과 관계를 우선시한다. 즉 PYP 학생들이 학습의 주도권을 가지고 학습에 대해 책임감과 주인의식을 갖출 수 있도록 지도한다. 특히 질문을 통해 학습하고 자신의 학습을 스스로 평가함으로써 지식, 개념적 이해, 기술 및 IB 학습자 프로필[5]의 속성을 개발한다.

IB의 PYP 커리큘럼 프레임워크는 학습자(Learner), 학습과 교수(Learning and Teaching), 학습 커뮤니티(The Learning Community)라는 세 가지 프레임을 중심으로 자기주도학습에 초점을 맞춘 교육 프로그램이다.

---

4 커리큘럼 프레임워크(Curriculum Framework)는 "교육과정 틀" 정도로 번역이 가능하며, 커리큘럼(Curriculum)이 아니라 커리큘럼 프레임워크(Curriculum Framework)를 사용하는 이유는 교육과정을 교육환경에 맞게 설계할 수 있기 때문이다.

5 IB에서는 10가지 학습자 프로필(IB Learner Profile)을 제시하고 있다. 자세한 정보는 II. 국제 바칼로레아(IB) 개요, 8. 국제 바칼로레아(IB) 학습자 프로필 참조.

3. PYP 학습자

　PYP 커리큘럼 프레임워크는 PYP 학생이 스스로 학습의 주체이자 학습 과정의 파트너로 인식하는 것이다. PYP 커리큘럼은 학습자가 자신과 타인, 그리고 주변 세계에 대해 탐구하고 이를 이론화할 수 있는 타고난 잠재력이 있다고 본다. 즉 학습 커뮤니티가 학생의 새로운 정체성과 역량을 인정할 때, 미래에 성장 가능성을 충분히 발휘하는 존재라는 교육적 맥락을 만들어가는 것이 목표이다.

　학생은 이전 학습과 경험을 바탕으로 스스로 학습하는 과정을 통해 현재 학습에 필요한 것을 타인과 함께 창조할 수 있는 능력이 있다. 즉 탐구 기반 및 개념 중심의 학제 간 학습 및 교수 모델이 PYP 커리큘럼 프레임워크의 핵심이다. 이를 위해 학생 자기 주체성(Student Agency), 학습 프로젝트 발표회(Exhibition)의 이해가 필요하다.

1) PYP 자기주체성

2019년, 대통령 직속 「국가교육회의」에서 정의한 "학생 자기주체성(Student Agency)[6]"의 개념은 다음과 같다.

> 학생 자기 주체성은 바람직한 변화를 위해 목표를 세우고 반성하며 책임감 있게 행동할 수 있는 능력으로 정의된다. 이것은 수동적으로 지시에 따르는 것보다는 능동적으로 행동하는 것을 추구하며 다른 사람의 결정을 받아들이는 것보다는 스스로 책임감 있는 결정과 선택을 하는 것을 지향한다.[7]

IB의 PYP도 자기 주체성을 강조한다. 학생은 "자기효능감(Self-Efficacy)"이 강할수록 "자기 주체성(Agency)"을 발휘할 가능성이 높다. 자기효능감은 학생들이 자신 있게 내릴 수 있는 선택에 영향을 미치며, 이는 결국 자신의 삶에 대한 주인의식과 영향력의 정도에 영향을 미친다.

교사가 학습자의 자기주체성과 자기효능감의 중요성을 인정하면 학생은 학습 과정의 파트너가 될 수 있으며, 이러한 파트너십에서 교사는 학생과 함께 작업하고, 필요에 따라 소그룹 및 개인의 학습을 모니터링하며 올바른 피드백을 제공할 수 있다.

---

6 "Student Agency"는 학생 주체성, 학생 주도성, 학생의 자기 주체성 등으로 번역한다.
7 국가교육회의, 『2030 미래 교육체제의 방향과 주요 의제 : 미래교육 2030, 더 나은 삶을 함께 만들어갑니다』, 대통령 직속 국가교육회의, 2019, p.552.

2) PYP 학습 프로젝트 발표회

PYP의 학생들은 마지막 해에 PYP 학습 프로젝트 발표회(Exhibition)에 참여해야 한다. 이 발표회는 학생들이 개인적으로 학습한 내용을 발표하는 행사이다. 전체 학습 커뮤니티는 학생들이 PYP 기간 동안 경험한 학습의 과정을 공유한다.

PYP에서는 교과 통합적 학습을 위한 탐구 프로그램의 설계가 핵심이다. 학생들의 성과는 주로 체험학습(Action)과 학습 프로젝트 발표회(Exhibition)를 통해 평가된다. 이 과정에서 학습자들의 주도성이 강조되며 특히 주인의식, 발언권, 선택권과 관련된 측면이 강조된다. 교사와 학습자는 교육 공동체에서 함께 주도적인 역할을 수행하며, 프레임워크에서는 주도성, 체험학습, 발표회가 모두 중요성한 요소이다.

4. PYP 학습과 교수

초등학교 프로그램(PYP)은 학습이 흥미롭고, 관련성이 있으며, 도전적이고, 의미 있는 학습이 되도록 보장한다. 학제적이고 개념적인 탐구 접근 방식은 진정한 통합 평가에 의해 뒷받침되는 학습의 이러한 측면을 요약한다.

PYP는 혁신적인 학습 및 교수 경험이며, 진정한 학제적 맥락에서 학생의 학습을 위한 노력을 나타낸다.

1) 과목을 초월하는 학제 간 학습 (Transdisciplinarity Transcends Subjects)

PYP의 초학제적 학습은 과목 간, 과목 외의 관련성이 있는 학습을 전달하고 경계를 넘어 실제 세계와 연결하는 학습 과정이다. PYP 학생들은 지식, 개념적 이해, 기술 및 개인적 특성을 연결된 전체로서 이해하는 법을 배운다. 또한 지역 사회와 그 너머에서 의미 있는 행동을 취하기 위해 학습의 중요성을 성찰할 수 있다. 이러한 PYP의 학습 과정을 통해 학생들은 평생 학습에 참여할 수 있는 인지적, 정서적, 사회적 도구를 갖춘 자기 주도적인 학습자가 된다.

2) 개념 중심 탐구 (Concept Driven Inquiry)

개념 탐구 접근법(Conceptual Inquiry Approach)은 개념을 중시하고 의미와 이해를 증진하는 강력한 학습 수단이다. 학생들이 표면적인 지식수준을 넘어 중요한 아이디어에 비판적이고 창의적으로 참여하도록 도전한다.

(1) 탐구하는 교사 (Inquiry Teachers)

탐구란 다양한 방식으로 구성하고 표현할 수 있는 과정이다. 탐구하는 교사(Inquiry Teachers) 상은 아래와 같다.

- 프롬프트 및 도구를 사용하여 사고 및 메타인지(사고에 대한 생각)를 지원한다.
- 전문성 개발의 원천으로서 학생의 교수법과 학습 과정에 대해 지속해서 질문하고 모형화한다.

- 학생의 손, 눈, 귀가 무한한 발견의 원천임을 인식하고 실습 학습을 구현한다.
- 기술 개발을 위해 관련된 기회를 제공한다.
- 독립성과 협업을 촉진하는 유연하고 매력적인 학습 공간을 조성한다.
- 학습자가 궁금해하고, 탐구하고, 이론을 구축하고, 수정하고, 연구에 참여하고, 학습에 대해 성찰할 수 있는 시간을 제공한다.
- 유능한 탐구자로서 학생의 가치를 개발한다.
- 탐구 과정에 대해 열린 마음을 갖고 개념적 이해를 통해 지속적인 조사를 유도한다.
- 개방형 질문 또는 문제로 학습을 확장한다.
- 의미 있는 학습 참여를 통해 호기심을 자극하여 개념 조사를 반복한다.
- 실제 상황과 주요 경험을 학습의 중요한 활성화 요소로 활용한다.
- 다양한 전략과 유연한 그룹화를 통해 학습을 개인화한다.
- 의미 있는 교육적, 협력적, 성찰적 순간을 위해 학급 전체 경험을 유보한다.
- 학생들이 과목 내, 과목 간에 의도적으로 연결할 수 있도록 지원한다.
- 자료, 현장 학습, 학습 참여를 탐구를 위한 방안으로 여긴다.
- 새로운 학습을 위한 출발점으로 선행 지식을 활용한다.
- 협업 학습의 중요성을 이해하고 개인과 그룹 모두의 기여를 소중히 여긴다.
- 다양한 상황에 적용할 수 있는 일상, 질문, 전략 및 시스템을 생성한다.
- 학습을 모니터링하고 문서화하여 전반적으로 의미 있는 피드백 제공한다.
- 확립된 성공 기준에 따라 학습의 결과물을 측정한다.

(2) 학습 기술에 대한 접근 방식

학습 기술에 대한 IB 접근법(ATL)은 학습 방법을 배우는 것이 학교 안 팎에서 학생의 삶에 기본이 된다는 믿음에 기반을 두고 있다. 넓은 의미에서 IB 프로그램은 학습자의 발달을 지원한다.

- 사고력(Thinking Skills)
- 의사소통 능력(Communication Skills)
- 연구 기술(Research Skills)
- 자기 관리 기술(Self-Management Skills)
- 사회성 기술(Social Skills)

학습에 대한 접근 방식과 관련 하위 기술은 모든 연령대의 학생들이 주체적이고 자기 통제적인 학습자가 될 수 있도록 지원한다. PYP 교사는 다양한 전략을 통해 탐구 프로그램 안팎에서 암묵적, 명시적으로 ATL을 개발할 수 있는 기회를 협력적으로 계획한다.

5. PYP 초학문 주제

이 프레임워크에는 개인의 자기 효능감을 키우는 것의 중요성에 대한 인식이 내재하여 있다. 자기 효능감이 강한 학생은 자신의 학습에 적극적이고 학습 커뮤니티에서 능동적으로 행동한다.

IB는 교과목을 초학문 주제로 교육하고 학습하도록 하는데, 초학문 주제 의미는 다음과 같다.

우리는 누구인가? (Who we are)

자기의 본질에 대한 탐구로 신념과 가치, 개인적, 신체적, 정신적, 사회적 및 영적 건강, 가족, 친구, 지역사회나 문화를 포함한 인간관계와 권리와 책임, 인간이라는 것이 무엇을 의미하는지 탐구하는 것이다.

우리가 있는 곳과 시간 (Where we are in place and time)

장소와 시간에 대한 이해와 적응에 관한 탐구, 조사와 기록, 가정과 여행, 인류의 발견, 탐사 및 이주, 지역 및 국제 관점에서 개인과 문화의 관계 및 상호 연결성에 대해 탐구한다.

우리 자신을 표현하는 방법 (How we express ourselves)

아이디어, 느낌, 자연, 문화, 신념 및 가치를 발견하고 표현하는 방법에 대해 탐구하며, 우리가 창의성을 반영하고 확장하며 즐기는 방식, 미학에 대해 감상하는 방법 등을 탐구한다.

세상이 작동하는 방식 (How the world works)

자연 세계와 그 법칙에 대한 탐구, 물리적 및 생물학적 자연 세계와 인간 사회 간의 상호 작용, 인간이 과학적 원리를 이해하는 방법, 과학 및 기술 발전이 사회와 환경에 미치는 영향 등에 관해 탐구한다.

▌우리 자신을 조직하는 방법 (How we organize ourselves)

인간이 만든 제도와 공동체의 상호 연결성에 대한 탐구, 조직의 구조와 기능, 사회적 의사 결정, 경제 활동과 인류와 환경에 미치는 영향 등을 탐구한다.

▌지구 공유 (Sharing the planet)

유한한 자원을 다른 사람 및 다른 생명체와 공유하려는 투쟁에서 권리와 책임에 대한 탐구, 공동체와 그들 사이의 관계, 동등한 기회에 대한 접근, 평화와 갈등 해결 등에 대해 탐구한다.

**미래형 교육 혁신,
국제 바칼로레아 IB**

IV.
중학교 프로그램(MYP)

IV. 중학교 프로그램(MYP)

1. MYP의 개요

국제 바칼로레아(IB) 「중학교 프로그램(Middle Years Programme, 이하 MYP)」은 11~16세 학생을 대상으로 한다. IB의 MYP는 중학생들의 학업과 현실 세계를 실질적으로 연결하도록 장려하는 도전적인 프레임워크이다. MYP는 전체 5년 과정의 프로그램으로 학교 간 파트너십을 통해 진행하거나 2년, 3년 또는 4년의 단축 형식으로 진행할 수 있다. MYP를 이수한 학생은 만 16세부터 19세까지 대학 진학 과정인 「디플로마 프로그램(Diploma Program, DP)」이나 「직무 연관 프로그램(Career-related Programme, CP)」을 이수할 자격이 주어진다.

1) MYP 교육의 목표

IB의 MYP는 학생들의 지적 도전을 강조한다. 11세에서 16세 사이의 학생들이 학업과 현실 세계를 실질적으로 연결하여 향후 학업과 인생에서 성공할 수 있도록 준비하는 교육과정이다. MYP가 학생들에게 제공하는 교육적 혜택의 목표는 ① 타인과 공감하고 목적과 의미가 있는 삶을 추구할 수 있는 능동적인 학습자, ② 국제적인 마인드를 갖춘 청소년을 육성하는 것이다.

2) MYP 교육의 내용

MYP는 학생들이 지역, 국가, 전 세계적인 이슈에 대한 탐구를 통해 창의적이고 비판적이며 성찰의 사고를 하는 청소년으로 육성하는 교육 프로그램이다. MYP에서 제공하는 교육은 스스로 학습을 관리할 수 있는 능력을 기르고, 비판적 학업 능력을 기반으로 학업과 현실 세계를 연결하는 실질적인 교육을 제공하는 것이다. 그리고 대학진학 과정인 디플로마 프로그램(DP)의 기초를 이룬다. 또한 참여와 동기 부여가 넘치는 긍정적인 학교 문화를 통해 글로벌 도전 과제에 대한 이해와 책임감 있는 시민으로서 행동하겠다는 의지를 키운다.

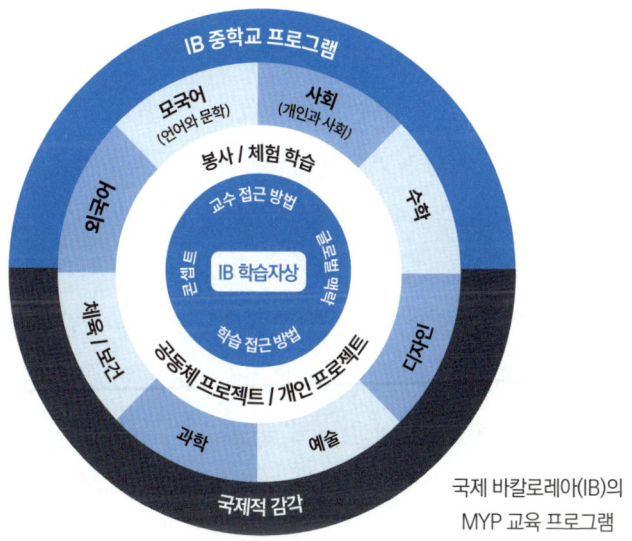

국제 바칼로레아(IB)의 MYP 교육 프로그램

2. MYP의 커리큘럼

국제 바칼로레아(IB) 중학교 프로그램(Middle Years Programme) 커리큘럼은 아래 8개의 과목으로 구성되어 있다.

- 언어 습득(Language Acquisition)
- 언어와 문학(Language and Literature)
- 개인과 사회(Individuals and Societies)
- 과학(Sciences)
- 수학(Mathematics)
- 예술(Arts)
- 체육 및 건강 교육(Physical and Health Education)
- 디자인(Design)

MYP는 프로그램의 각 학년에서 각 과목 그룹에 대해 최소 50시간의 수업 시간을 요구한다. 4학년과 5학년에는 지역 요구 사항과 개별 학생의 학습 요구를 더욱 유연하게 충족할 수 있도록 8개 과목 그룹 중 6개 과목을 특정 한도 내에서 수강할 수 있는 선택권이 주어진다.

매년 MYP 학생들은 최소 두 개의 과목 그룹이 포함된 공동 계획 중 「학제 간 단원(Interdisciplinary Unit)」에 최소 한 번 이상 참여해야 한다. MYP 학생들은 「장기 프로젝트(Long-Term Project)」를 완료하여 배우고 싶은 내용을 결정하고, 이미 알고 있는 내용을 파악하고, 프로젝트를 완료하기 위해 알아야 할 내용을 발견하고, 제안서를 작성한다.

1) MYP 학제 간 단원(Interdisciplinary Unit)

MYP에서 학제 간 학습은 학생들이 두 개 이상의 과목 또는 주제 그룹의 지식을 이해하고 이를 통합하여 새로운 이해를 창출할 수 있도록 지원한다. 학생들은 두 개 이상의 과목 또는 기존 전문 분야의 개념, 방법 또는 의사소통 형식을 결합하여 단일 과목으로는 불가능한 방식으로 현상을 설명하거나, 문제를 해결하거나, 제품을 만들거나, 새로운 질문을 제기할 때 학제 간 이해를 입증할 수 있다.

(1) 학제 간 학습의 중요성

나이 어린 학습자들은 주변 세계를 이해하기 위해 서로 다른 지식 영역을 자연스럽게 연결 짓는 경우가 많은데, 어떤 경우에는 아직 학문 세계를 구성하는 학문적 관점을 사회화하지 못했기 때문이다. 중학교 교육은 전문화 추세에 대응하기 위해 학습을 학문적 영역으로 유용하게 조직하고 있지만, 끊임없이 변화하는 세계는 사람들이 새롭고 창의적인 방식으로 학문을 통합할 수 있는 교육을 요구하고 있다. 지식과 정보가 증가함에 따라 비판적 사고자는 복잡한 문제와 아이디어를 이해하기 위해 학문적 관점을 성공적으로 통합해야 한다.

(2) 학제 간 교육의 구조화

MYP 학교는 프로그램의 각 학년에서 최소 두 개의 주제 그룹을 포함하는 최소 하나의 공동 계획된 학제 간 단원에 학생들을 참여시킬 책임이 있다. MYP 학교에서는 공동 계획이 매우 중요하다. 공동 계획을 위한 시간은 체계적이고 효과적으로 관리해야 하며, 모든 교사가 참여해야 한다. 회의 시간은 커리큘럼의 수평적, 수직적 연계성을 개발하는 데 특히 중요하다.

(3) 학제 간 학습의 주제 개요
① 과정 설명 및 목표

학제 간 학습은 서로 다른 주제 그룹 내 또는 주제 그룹 간의 서로 다른 학문 간 복잡한 문제에 대한 더 넓은 관점을 장려하고 더 깊이 있는 분석과 종합의 수준을 높일 수 있다. 따라서 학제 간 연결은 유의미한 것이어야 한다.

MYP에서 학제 간 학습은 학생들이 두 개 이상의 학문의 지식과 사고방식을 이해하고 이를 통합하여 새로운 이해를 창출하는 과정이다. 학생들은 단일 학문 분야에서는 불가능했을 법한 방식으로 현상을 설명하거나 문제를 해결하거나 결과물을 만들거나 새로운 질문을 제기하기 위해 개념, 방법 또는 의사소통 형태를 통합함으로써 이를 입증한다.

MYP 학교는 매 학년마다 최소 한 가지 이상의 공동 계획된 학제 간 단원에 학생들을 참여시켜야 하며, 두 개 이상의 주제 그룹의 지식과 기술을 통합하기 위해 학제 간 방식을 운영한다.

MYP에서 학제 간 학습의 목표는 다음과 같다.

- 다양한 학문의 지식을 개발, 분석 및 종합하여 더 깊은 이해를 창출하기
- 탐구를 통해 서로 다른 다양한 관점을 유도하고 통합하기
- 소통하고 행동할 수 있는 독특한 방식에 대해 성찰하기

② **커리큘럼 모델 개요**

MYP 학제 간 커리큘럼은 여러 학문 분야를 서로 차용하거나 공통된 주제를 공유하며, 공식적인 학습 단위로 결합한 개별 과정으로 구성된다. MYP는 학문 기반의 개념적 이해를 통합하여 학제 간 탐구를 촉진한다.

- 정체성과 관계(Identities and Relationships)
- 공간과 시간의 오리엔테이션(Orientation in Space and Time)
- 개인 및 문화적 표현(Personal and Cultural Expression
- 과학 및 기술 혁신(Scientific and Technical Innovation)
- 세계화 및 지속 가능성(Globalization and Sustainability)
- 공정성 및 개발(Fairness and Development)

MYP의 각 연도에는 정해진 학제 간 학습 시간이 없지만 MYP 주제 그룹 교사는 의미 있고 지속적인 학제 간 교육 및 학습을 개발할 책임이 있다.

③ **평가 모델**

각 학제 간 학습 목표는 동일한 가중치가 부여된 세 가지 평가 기준 중 하나에 해당한다. 각각 평가하기(Evaluating), 종합하기(Synthesizing),

성찰하기(Reflecting)이다.

▎기준 A : 평가하기 (Evaluating)
학생들은 실제 문제와 아이디어에 대한 학제 간 이해에 두 개 이상의 학문이 어떻게 기여하는지 평가한다.

▎기준 B : 종합하기 (Synthesizing)
학생들은 현상을 설명하거나 결과를 만들기 위해 현실 세계의 문제와 아이디어에 대한 탐구에 정보를 제공하는 방식으로 두 개 이상의 학문 분야의 지식을 통합한다.

▎기준 C : 성찰하기 (Reflecting)
학생들은 실제 문제와 아이디어에 대한 학제 간 이해의 발전에 대해 성찰한다.

2) MYP 장기 프로젝트(Long-term project)
(1) MYP 장기 프로젝트의 개요
MYP 프로젝트를 통해 학생들은 장기간에 걸쳐 중요한 과제를 완수하는 책임감을 경험하게 되는데, MYP 프로젝트는 학생들이 자신의 학습과 작업의 결과에 대해 성찰하도록 장려하며, 이는 향후 학업, 직장 및 지역 사회에서 성공할 수 있도록 준비하는 핵심 기술이다.

3학년 또는 4학년 때 MYP를 완료한 학생은 커뮤니티 프로젝트를 완료해야 하며, 5학년 때 MYP를 완료한 모든 학생은 개인 프로젝트를 완료해야 한다. 커뮤니티 프로젝트는 13~14세 학생들이 협력하여 학습할 수 있는 중요한 기회를 제공한다.

학교는 모든 MYP 5학년 학생들을 개인 프로젝트의 외부 조정을 위해 등록하여 글로벌 표준을 장려한다. MYP 프로젝트는 학생 중심적이고 연령에 적합하며, 학생들이 탐구, 행동, 성찰의 주기를 통해 실질적인 학습에 참여할 수 있도록 한다.

(2) MYP 장기 프로젝트 목표

MYP 프로젝트의 목표는 다음과 같다.

- 글로벌 맥락에서 지속적이고 자기 주도적인 탐구에 참여한다.
- 심도 있는 조사를 통해 창의적이고 새로운 통찰력을 창출하고 더 깊은 이해를 발전시킨다.
- 장기간에 걸쳐 프로젝트를 완료하는 데 필요한 기술, 태도 및 지식을 입증한다.
- 다양한 상황에서 효과적으로 의사소통하고, 학습을 통해 또는 학습의 결과로 책임감 있는 행동을 보여준다.
- 학습 과정에 감사하고 자신의 성취에 자부심을 가진다.

(3) MYP 장기 프로젝트 학습 내용

MYP 프로젝트는 학생들이 지식과 이해를 확장하고 기술과 태도를 개발하기 위해 다양한 활동에 참여한다. 이러한 학생 계획 학습 활동에는 다음이 포함된다.

- 무엇을 배우고 싶은지 결정하고, 이미 알고 있는 내용을 파악하고, 프로젝트를 완료하기 위해 알아야 할 내용을 발견한다.

- 프로젝트에 대한 제안서 또는 기준을 만들고, 사용할 자료와 시간을 결정하고, 프로젝트의 진행 상황을 기록한다.

- 결정을 내리고, 이해를 발전시키고, 문제를 해결하고, 다른 사람들과 소통하고, 결과를 만들거나 개발하며, 결과물을 평가하고 프로젝트와 학습에 대해 성찰한다.

3) MYP 세부 커리큘럼[8]

(1) 언어 습득(Language Acquisition)
① 언어 습득 과정 개요

2개 이상의 언어로 의사소통할 수 있는 능력은 국제적인 마인드를 갖추고, 문화 간 이해를 증진하는 교육에 필수적이다. MYP의 언어 습득 프로그램은 학생들에게 다음에 대한 통찰력을 개발할 수 있는 기회를 제공한다.

---

8 국제 바칼로레아(IB) 중학교 프로그램(Middle Years Programme) 커리큘럼은 언어 습득(Language Acquisition), 언어와 문학(Language and Literature), 개인과 사회(Individuals and Societies), 과학(Sciences), 수학(Mathematics), 예술(Arts), 체육 및 건강 교육(Physical and health education), 디자인(Design) 등 8개의 과목으로 구성되어 있다.

언어의 특징, 과정, 기술 및 문화의 개념을 배우고 다양성에 기초하여 삶의 방식, 행동 양식, 세상을 바라보는 시각 등이 다양함을 깨닫게 된다. 추가적인 언어를 습득하고 우리 자신의 문화적 관점을 탐구하며 성찰한다.

본 과목을 통해 학생들은 비판적 사고와 국제적 마인드를 개발하고, 개인의 발전, 문화적 정체성 및 개념 이해를 위한 지적 틀을 형성한다. 학생들의 전인적 발달과 평생 학습 강화에 기여하며, 학생들이 다양한 글로벌 맥락에서 성공적으로 의사소통하는 데 필요한 다중 문해력과 태도를 갖춘다.

② **언어 습득 과정 목표**
언어 습득 과정의 목표는 다음과 같다.

- 모국어와 문화 유산을 유지하면서 추가 언어에 능숙해지도록 지원한다.

- 다양한 언어 및 문화 유산에 대한 존중과 이해를 기른다.

- 추가 언어 학습과 다양한 맥락에서 학습, 업무 및 여가에 필요한 의사 소통 기술을 개발한다.

- 다양한 학습 도구를 사용하여 다중 문해력을 개발한다.

- 다양한 문학 및 비문학 텍스트에 대한 감상을 개발하고 의미의 이해와 구성을 위한 비판적이고 창의적인 기술을 개발한다.

- 사고, 성찰, 자기 표현 및 학습의 수단으로 언어를 인식하고 사용한다.

- 언어의 본질과 언어 학습 과정을 이해한다.

- 언어가 사용되는 지역 사회의 문화적 특성에 대한 통찰력을 얻는다.

- 자신과 다른 문화권 사람들의 관점에 대한 인식과 이해를 얻는다.

- 호기심, 탐구심, 언어 학습에 대한 평생의 관심과 즐거움을 키운다.

③ **언어 습득 커리큘럼 모델**

MYP는 글로벌 맥락에서 개념적 이해를 발전시켜 언어 습득에 있어 탐구심을 촉진한다. 언어 습득 과정의 커리큘럼 모델 개요는 아래와 같으며, 핵심 개념(Key Concepts), 관련 개념(Related Concepts), 그리고 글로벌 맥락(Global Contexts)으로 나뉜다.

핵심 개념 (Key Concepts)

커뮤니케이션, 연결, 창의성, 문화와 같은 핵심 개념(Key Concepts)이 MYP 커리큘럼의 큰 틀을 구성한다.

관련 개념 (Related Concepts)

관련 개념(Related Concepts)은 특정 분야에 기반한 심도 있는 학습을 촉진하며, MYP 언어 습득에서 관련 개념의 예로는 단어 선택, 규칙 및 관용구가 있다.

▎글로벌 맥락 (global contexts)

학생들은 정체성과 관계, 공간과 시간에서의 오리엔테이션, 개인 및 문화적 표현, 과학 및 기술 혁신, 세계화와 지속 가능성, 공정성 및 개발 등 MYP 글로벌 맥락[9]을 통해 핵심 개념과 관련 개념을 탐구한다.

(2) 언어와 문학 (Language and Literature)
① 언어와 문학 과정 개요

언어 및 문학(Language and Literature) 과정은 아래 6가지 영역의 기술(Skill)을 개발한다. 여섯 가지 기술 영역은 다음과 같다.

- 듣기(Listening)
- 말하기(Speaking)
- 읽기(Reading)
- 쓰기(Writing)
- 보기(Viewing)
- 발표하기(Presenting)

MYP 언어 학습의 핵심은 질문(Inquiry)이며, 학생들이 독립적이고 협력적으로 조사하고, 적극적으로 학습하고, 학습 후 성찰할 수 있는 기회를 제공하여 이해를 돕는 것을 목표로 한다.

---

9 MYP 글로벌 맥락은 정체성과 관계(Identities And Relationships), 공간과 시간에서의 오리엔테이션(Orientation In Space And Time), 개인 및 문화적 표현(Personal And Cultural Expression), 과학 및 기술 혁신(Scientific And Technical Innovation), 세계화와 지속 가능성(Globalization And Sustainability), 공정성 및 개발(Fairness And Development) 등으로 MYP 세부 커리큘럼 8개 과목 모두 동일하게 적용된다.

언어 및 문학 과정은 학생들에게 학제 간 이해를 발전시키는 데 도움이 되는 언어, 분석 및 의사소통 능력을 갖추게 한다. 듣기, 말하기, 읽기, 쓰기, 보기, 발표 등 여섯 가지 영역에서 독립적으로 또는 다른 사람들과 함께 기술을 개발한다.

언어 및 문학 과정에는 세계 문학을 포함하여 장르와 문학 텍스트에 대한 균형 잡힌 학습이 포함되는데, 학생들은 텍스트와의 상호작용을 통해 도덕적, 사회적, 경제적, 정치적, 문화적, 환경적 통찰력을 키운다.

② **언어와 문학 과정 목표**
언어와 문학 교육의 목표는 다음과 같다.

- 사고, 창의성, 성찰, 학습, 자기 표현, 분석 및 사회적 상호 작용을 위한 수단으로 언어를 사용하기

- 다양한 맥락에서 듣기, 말하기, 읽기, 쓰기, 보기, 발표 등 관련된 기술 개발하기

- 문학 및 비문학 텍스트를 연구하고 분석하는 비판적이고 창의적이며 개인적인 접근 방식 개발하기

- 다양한 역사적 배경과 문화 관련 서적을 탐독하기

- 문학 및 비문학 서적을 통해 개인, 주체 및 기타 문화의 측면을 탐구하고 분석하기

- 다양한 미디어와 방식을 통해 언어를 탐구하기

- 독서에 대한 평생의 관심을 개발하기
- 언어 및 문학적 개념과 기술을 다양한 실제 상황에 적용하기

③ 언어와 문화 커리큘럼 모델

MYP는 글로벌 맥락에서 개념적 이해를 발전시킴으로써 언어와 문학에 대한 지속적인 탐구를 장려한다. 언어와 문화 과정의 커리큘럼 모델 개요는 아래와 같으며, 핵심 개념(Key Concepts), 관련 개념(Related Concepts), 그리고 글로벌 맥락(Global Contexts)으로 나뉜다.

▎핵심 개념 (Key Concepts)

커뮤니케이션, 연결, 창의성, 관점과 같은 핵심 개념이 MYP 커리큘럼의 큰 틀을 구성한다.

▎관련 개념 (Related Concepts)

관련 개념은 특정 학문에 기반한 심도 있는 학습을 촉진한다. MYP 언어 및 문학의 관련 개념의 예로는 장르, 목적, 문맥, 스타일 등이 있다.

▎글로벌 맥락 (Global Contexts)

학생들은 정체성과 관계, 공간과 시간에서의 오리엔테이션, 개인 및 문화적 표현, 과학 및 기술 혁신, 세계화와 지속 가능성, 공정성 및 개발 등 MYP 글로벌 맥락을 통해 핵심 개념과 관련 개념을 탐구한다.

(3) 개인과 사회 (Individuals and Societies)
① 개인과 사회 과정 개요

개인과 사회 교육은 인문학 및 사회과학에서 공부하는 학문을 통합한다. 이 과목은 학습자가 주변 세계를 존중하고 이해하도록 장려하며 개인, 사회 및 환경에 영향을 미치는 역사적, 지리적, 정치적, 사회적, 경제적, 문화적 요인에 대해 탐구하는 데 필요한 기술을 갖추도록 한다.

개인과 사회에 대한 연구는 학생들이 인간, 문화, 태도 및 신념의 다양성을 비판적으로 인식하는 데 도움이 된다. 이 과목은 학생들이 내용과 방법론 모두 논쟁의 여지가 있고 논란이 될 수 있음을 인식하고 불확실성에 대한 관용을 연습하는 데 중요성은 둔다.

본 과목에 대한 접근 방식은 주로 탐구와 조사이며, 데이터를 수집, 설명 및 분석하고, 가설을 테스트하며, 원본 자료를 포함하여 정보를 해석하는 방법을 배운다.

② 개인과 사회 과정 목표
개인과 사회 교육과정의 목표는 다음과 같다.

- 인간과 환경의 공통점과 다양성 이해하기
- 개인, 사회 및 환경의 상호 작용과 상호 의존성 이해하기
- 환경과 인간 시스템이 어떻게 작동하고 진화하는지 이해하기
- 인간 공동체와 자연 환경에 대한 관심을 식별하고 발전시키기

- 지역 및 글로벌 커뮤니티의 책임감 있는 시민으로 행동하기
- 개념적 이해로 이어지는 탐구 기술 개발하기
- 개인, 사회, 그리고 환경 간의 관계에 대해 개념적으로 이해하기

③ 개인과 사회 커리큘럼 모델

MYP 개인과 사회 과정을 위해 IB 학교는 통합 인문학, 역사, 경제, 지리, 철학, 사회학 및 인류학, 경영학, 심리학, 세계 종교 등의 과정을 개발한다. MYP는 글로벌 맥락에서 개념적 이해를 발전시킴으로써 개인과 사회에 대한 지속적인 탐구를 장려한다. 언어와 문화 과정의 커리큘럼 모델 개요는 아래와 같으며, 핵심 개념(Key Concepts), 관련 개념(Related Concepts), 그리고 글로벌 맥락(Global Contexts)으로 나뉜다.

▎핵심 개념 (Key Concepts)

변화, 글로벌 상호작용, 시간, 장소, 공간, 시스템과 같은 핵심 개념이 Myp 커리큘럼을 폭넓게 구성한다.

▎관련 개념 (Related Concepts)

관련 개념은 특정 학문에 기반한 심도 있는 학습을 촉진하며, 관련 개념의 예로는 인과관계, 세계화, 문화 및 지속 가능성 등이 있다.

▎글로벌 맥락 (Global Contexts)

학생들은 정체성과 관계, 공간과 시간에서의 오리엔테이션, 개인 및 문화적 표현, 과학 및 기술 혁신, 세계화와 지속 가능성, 공정성 및 개발 등

MYP 글로벌 맥락을 통해 핵심 개념과 관련 개념을 탐구한다.

(4) 과학(Sciences)
① **과학 과정 개요**

과학은 학생들이 독립적이고 협력적으로 연구, 관찰, 실험을 통해 문제를 조사하도록 장려한다. 과학 적용의 실제 사례를 조사하면서 과학과 도덕, 윤리, 문화, 경제, 정치, 환경 사이의 긴장과 의존성을 발견하게 된다.

탐구는 과학적 연구에 대한 비판적이고 창의적인 사고, 가정 및 대안적 설명의 식별을 촉진한다. 과학을 통해 학생들은 다른 사람의 아이디어를 인정하고 존중하는 법을 배우고, 윤리적 추론 능력을 키우며, 지역 및 글로벌 커뮤니티의 일원으로서 책임감을 발전시킨다.

과학 과정에는 일반적으로 생물학, 화학, 물리학이 포함되지만, 아래와 같은 추가 과정이 포함될 수 있다.

- 환경 과학(Environmental Sciences)
- 생명 과학(Life Sciences)
- 물리 과학(Physical Sciences)
- 스포츠 과학(Sport Sciences)
- 건강 과학(Health Sciences)
- 지구 과학(Earth Sciences)

② **과학 과정 목표**

과학 교육과정의 목표는 다음과 같다.

- 과학과 그 의미를 이해하기
- 과학을 장점과 한계를 가진 인간의 노력으로 간주하기
- 질문을 제기하고, 문제를 해결하고, 설명을 구성하고, 주장을 판단하는 분석적이고 탐구적이며 유연한 마음 기르기
- 조사를 설계 및 수행하고, 증거를 평가하고, 결론에 도달하는 기술을 개발하기
- 효과적인 협업과 의사소통의 필요성에 대한 인식 구축하기
- 다양한 실생활 맥락에서 언어 기술과 지식을 적용하기
- 생활 및 비생활 환경에 대한 민감성 개발하기
- 학습 경험을 반성하고 정보에 입각해 선택하기

③ **과학 커리큘럼 모델**

IB 학교마다 5년의 프로그램 기간 동안 커리큘럼의 구조가 다를 수 있지만, 일반적으로 개별, 모듈 또는 통합 과학 과정을 개발한다. 개별 과학 과정에는 일반적으로 생물학, 화학, 물리학이 포함되지만 환경 과학, 생명 과학 또는 물리학과 같은 다른 과학 분야가 포함될 수도 있다.

모듈형 과학 과정에는 두 개 이상의 이산 과학을 돌아가면서 가르치는 과정이 포함된다. MYP는 글로벌 맥락에서 개념적 이해를 발전시킴으로

써 과학에 대한 탐구를 장려한다. 과학 과정의 커리큘럼 모델 개요는 아래와 같으며, 핵심 개념(Key Concepts), 관련 개념(Related Concepts), 그리고 글로벌 맥락(Global Contexts)으로 나뉜다.

핵심 개념 (Key Concepts)

변화, 관계, 시스템과 같은 핵심 개념이 MYP 커리큘럼의 큰 틀을 구성한다.

관련 개념 (Related Concepts)

관련 개념은 특정 학문에 기반한 심도 있는 학습을 촉진한다. MYP 과학에서 관련 개념의 예로는 에너지, 운동, 변형, 모델 등이 있다. 현지 상황과 커리큘럼 요구 사항을 충족하기 위해 추가 개념을 식별하고 개발할 수도 있다.

글로벌 맥락 (Global Contexts)

학생들은 정체성과 관계, 공간과 시간에서의 오리엔테이션, 개인 및 문화적 표현, 과학 및 기술 혁신, 세계화와 지속 가능성, 공정성 및 개발 등 MYP 글로벌 맥락을 통해 핵심 개념과 관련 개념을 탐구한다.

(5) 수학(Mathematics)
① 수학 과정 개요

수학은 탐구와 응용을 모두 장려하여 학생들이 학문을 초월하고 학교 밖 세상에서도 유용한 문제 해결하는 기술을 개발할 수 있도록 돕는다.

수학 프레임워크는 수, 대수, 기하와 삼각함수, 통계와 확률을 포괄한다.

　수학 프레임워크는 두 가지 수준의 도전 과제를 수행할 수 있도록 표준 수학(Standard Mathematics)과 확장 수학(Extended Mathematics)으로 구성되어 있다.

표준 수학(Standard Mathematics) : 모든 학생에게 기본 수학적 원리에 대한 탄탄한 지식을 제공하는 동시에 MYP 수학의 목표를 달성하는 데 필요한 기술을 개발할 수 있도록 하는 것을 목표로 한다.

확장 수학(Extended Mathematics) : 표준 수학 프레임워크에 추가 주제와 기술을 보완하여 더 넓은 폭과 깊이를 제공하는 과정이다.

② **수학 과정 목표**
　수학 교육과정의 목표는 다음과 같다.

- 수학을 즐기고, 호기심을 키우며, 수학의 우아함과 힘을 인식하기

- 수학의 원리와 본질에 대한 이해를 발전시키기

- 다양한 상황에서 명확하고 자신감 있게 의사 소통하기

- 논리적이고 비판적이며 창의적인 사고를 개발하기

- 수학적 사고에 대한 자신감, 인내 및 독립성을 개발하고 문제 해결하기

- 일반화 및 추상화의 힘을 개발하기

- 다양한 실제 상황, 다른 지식 영역 및 미래 개발에 기술을 적용하기

③ **수학 커리큘럼 모델**

MYP 수학의 경우, 학교는 표준 수학(Standard Mathematics)과 확장 수학(Extended Mathematics) 두 가지 수준의 코스를 개발할 수 있다. 표준 수학은 기본적인 수학적 원리에 대한 탄탄한 지식을 제공하는 것을 목표로 한다. 확장 수학은 추가 주제와 기술로 표준 커리큘럼을 보완하여 학습의 폭과 깊이를 더 넓게 제공한다. 수학 과정의 커리큘럼 모델 개요는 아래와 같으며, 핵심 개념(Key Concepts), 관련 개념(Related Concepts), 그리고 글로벌 맥락(Global Contexts)으로 나뉜다.

▎핵심 개념 (Key Concepts)

형태, 논리, 관계와 같은 핵심 개념이 MYP 커리큘럼의 큰 틀을 이룬다.

▎관련 개념 (Related Concepts)

관련 개념은 특정 학문에 기반한 심도 있는 학습을 촉진하며, MYP 수학에서 관련 개념의 예로는 동등성, 근사치, 수량 및 타당성 등이 있다.

▎글로벌 맥락 (Global Contexts)

학생들은 정체성과 관계, 공간과 시간에서의 오리엔테이션, 개인 및 문화적 표현, 과학 및 기술 혁신, 세계화와 지속 가능성, 공정성 및 개발 등 MYP 글로벌 맥락을 통해 핵심 개념과 관련 개념을 탐구한다.

(6) 예술(Arts)

① 예술 과정 개요

예술은 젊은 상상력을 자극하고, 지각에 도전하며, 창의적이고 분석적인 기술을 개발하는 것을 목표로 한다. 예술에 참여함으로써 학생들은 예술의 맥락과 예술 작품의 문화사를 이해하게 되고, 이를 통해 탐구적이고 공감하는 세계관을 개발할 수 있다. 예술은 개인의 정체성에 도전하고 풍요롭게 하며, 현실 세계의 맥락에서 미적 감각을 키운다. 상상력 개발을 통해 학생들은 공감력과 동정심을 키우고, 문화생활을 풍요롭게 하며, 지역사회와 세계에 적극적으로 기여할 수 있는 새로운 방법을 발견할 수 있다.

MYP 예술 관련 커리큘럼 프레임워크는 학교가 지역 및 국가 커리큘럼 요건을 충족하는 흥미롭고 관련성 있으며 도전적이고 중요한 콘텐츠를 결정할 수 있는 유연성을 제공한다. 학생들의 예술 관련 학습은 다음 예술 분야 중 하나 이상에 초점을 맞출 수 있다.

- 댄스(Dance)
- 음악(Music)
- 연극(Theatre)
- 미디어 아트(Media Arts)
- 시각 예술(Visual Arts)

② 예술 과정 목표

예술 과정의 목표는 다음과 같다.

- 평생 예술에 대한 참여를 즐기기
- 시간, 문화 및 맥락에 걸쳐 예술을 탐구하기
- 예술과 그 맥락 사이의 관계를 이해하기
- 예술을 창작하고 공연하는 데 필요한 기술을 개발하기
- 아이디어를 창의적으로 표현하기
- 젊은 예술가로서 자신의 발전을 성찰하기

③ **예술 커리큘럼 모델**

　MYP는 글로벌 맥락에서 개념적 이해를 발전시킴으로써 예술에 대한 탐구를 장려한다. 예술 과정의 커리큘럼 모델 개요는 아래와 같으며, 핵심 개념(Key Concepts), 관련 개념(Related Concepts), 그리고 글로벌 맥락(Global Contexts)으로 나뉜다.

▎**핵심 개념** (Key Concepts)

　미학, 변화, 커뮤니케이션, 정체성과 같은 핵심 개념이 MYP 커리큘럼을 폭넓게 구성한다.

▎**관련 개념** (Related Concepts)

　관련 개념은 특정 학문에 기반한 심도 있는 학습을 촉진하며, MYP 예술의 관련 개념의 예로는 청중, 표현, 장르 등이 있다.

글로벌 맥락 (Global Contexts)

학생들은 정체성과 관계, 공간과 시간에서의 오리엔테이션, 개인 및 문화적 표현, 과학 및 기술 혁신, 세계화와 지속 가능성, 공정성 및 개발 등 MYP 글로벌 맥락을 통해 핵심 개념과 관련 개념을 탐구한다.

(7) 체육 및 건강 교육(Physical And Health Education)
① **체육 및 건강 교육 과정 개요**

체육 및 건강 교육은 학생들이 신체 활동의 가치를 이해하고 건강한 삶을 선택할 수 있는 동기를 개발할 수 있도록 돕는다. 특히 신체 활동에 대한 학습과 신체 활동을 통한 학습 모두에 중점을 둔다.

체육 및 건강 교육은 아래 콘텐츠를 포함할 수 있다.

- 체력의 구성요소, 훈련 방법, 훈련 원리, 영양, 생활 방식, 생체 역학, 운동 생리학, 스포츠의 문제 및 응급 처치 등 신체 및 건강 관련 지식(Physical And Health-Related Knowledge)

- 체조, 에어로빅, 무술, 줄넘기, 요가 또는 카포에라와 같은 미적 운동(Aesthetic Movement)

- 축구, 농구, 핸드볼, 배구, 하키와 같은 팀 스포츠(Team Sports)

- 골프, 육상, 수영, 스쿼시 또는 펜싱과 같은 개인 스포츠(Individual Sports)

- 학생들의 개인적, 문화적 경험을 넘어서는 운동 전통과 운동 형태를 포함한 국제 스포츠 및 활동(International Sports And Activities)

② 체육 및 건강 교육 과정 목표

체육 및 건강 교육과정의 목표는 다음과 같다.

- 신체 및 보건 교육 개념을 탐구하기
- 다양한 맥락에서 효과적으로 참여하기
- 신체 활동의 가치를 이해하기
- 건강한 라이프 스타일을 달성하고 유지하기
- 효과적으로 협업하고 소통하기
- 긍정적인 관계를 구축하고 사회적 책임을 다하기
- 학습 경험에 대해 성찰하기

③ 체육 및 건강 교육 커리큘럼 모델

MYP는 글로벌 맥락에서 개념적 이해를 발전시킴으로써 체육 및 건강 교육에 대한 탐구를 장려한다. 체육 및 건강 교육 과정의 커리큘럼 모델 개요는 아래와 같으며, 핵심 개념(Key Concepts), 관련 개념(Related Concepts), 그리고 글로벌 맥락(Gobal Contexts)으로 나뉜다.

| 핵심 개념 (Key Concepts)

변화, 커뮤니케이션, 관계와 같은 핵심 개념이 MYP 커리큘럼의 큰 틀을 구성한다.

관련 개념 (Related Concepts)

관련 개념은 특정 분야에 기반한 심도 있는 학습을 촉진하며, MYP 체육 및 보건 교육에서 관련 개념의 예로는 에너지, 균형, 세련미 등이 있다.

글로벌 맥락 (Global Contexts)

학생들은 정체성과 관계, 공간과 시간에서의 오리엔테이션, 개인 및 문화적 표현, 과학 및 기술 혁신, 세계화와 지속 가능성, 공정성 및 개발 등 MYP 글로벌 맥락을 통해 핵심 개념과 관련 개념을 탐구한다.

(8) 디자인(Design)
① 디자인 과정 개요

디자인 문제를 해결하기 위해 실용적이고 창의적인 사고 및 기술을 적용하며, 역사적 맥락과 현대적 맥락에서 디자인의 역할을 탐구한다. 디자인은 최종 제품이나 솔루션보다는 전체적인 디자인 프로세스에 중점을 둔다. 또한 디자인 문제 조사 및 분석, 실현 가능한 솔루션의 개발 및 생성, 모델, 프로토타입, 제품 또는 시스템에 대한 테스트 및 평가 등을 포함한다.

② 디자인 과정 목표

디자인 교육과정의 목표는 다음과 같다.

- 디자인 과정을 즐기고, 그 우아함과 힘에 대한 감상 개발하기

- 다양한 분야의 지식, 이해 및 기술을 개발하고 디자인 주기를 사용하여 문제에 대한 해결책을 설계하고 생성하기
- 정보에 대한 접근, 처리 및 전달하기
- 솔루션을 모델링 및 생성하고, 문제를 해결하기 위한 수단으로 기술을 효과적으로 사용하고 적용하기

③ 디자인 커리큘럼 모델

　MYP는 글로벌 맥락에서 개념적 이해를 발전시킴으로써 디자인에 대한 탐구를 장려한다. 디자인 과정의 커리큘럼 모델 개요는 아래와 같으며, 핵심 개념(Key Concepts), 관련 개념(Related Concepts), 그리고 글로벌 맥락(Global Contexts)으로 나뉜다.

▎핵심 개념 (Key Concepts)

　커뮤니케이션, 커뮤니티, 개발 및 시스템과 같은 주요 개념이 MYP 커리큘럼의 큰 틀을 구성한다.

▎관련 개념 (Related Concepts)

　관련 개념은 특정 분야에 기반한 심도 있는 학습을 촉진한다. MYP 디자인에서 관련 개념의 예로는 적응, 인체공학, 지속 가능성 및 혁신이 있다.

▎글로벌 맥락 (Global Contexts)

학생들은 정체성과 관계, 공간과 시간에서의 오리엔테이션, 개인 및 문화적 표현, 과학 및 기술 혁신, 세계화와 지속 가능성, 공정성 및 개발 등 MYP 글로벌 맥락을 통해 핵심 개념과 관련 개념을 탐구한다.

3. MYP 평가와 시험

1) MYP 평가의 개요

MYP의 평가는 내부 평가(Internal Assessment)와 선택적 외부 평가(Optional External Assessment)로 나뉘는데, 내부 평가를 학교 기반 평가(School-Based Assessment)라고도 부르며, 선택적 외부 평가를 E-평가(Eassessment)라고도 부른다.

2) 내부 평가와 선택적 외부 평가

(1) 내부 평가

MYP 평가는 학생의 성취도를 판단할 수 있는 능력을 갖춘 담임 교사가 생성하고 표시한 과제에 중점을 둔다. 이러한 과제는 엄격하며 다양한 평가 전략을 수용한다. 특히 MYP 교사는 프로그램의 각 학년에서 각 과목 그룹에 대한 평가 기준을 사용하여 규정된 과목 그룹 목표를 평가한다.

(2) 선택적 외부 평가

프로그램의 마지막 해에 각 MYP 학생들은 개인 프로젝트(Personal Project)를 독립적으로 개발해야 하며, 이 프로젝트는 IB의 외부 검증을 받아야 한다. 오랜 기간에 걸쳐 개인적이고 창의적인 작품을 제작하는 것은 독립적인 작업을 수행할 수 있는 능력을 종합적으로 평가하는 것이다.

IB 학교는 또한 프로그램의 다른 모든 요소에서 선택적 외부 평가(Optional External Assessment, eAssessment)를 등록할 수 있다. 이 평가는 학생들이 성공 기준을 충족하면 국제적으로 인정받는 공식적인 자격증을 취득할 수 있는 기회를 제공한다.

IB 학교가 MYP e-평가(eAssessment)에 등록하면 학생들은 개인 프로젝트에 대한 필수 e포트폴리오(e-Portfolios)를 포함한 두 가지 유형의 시험 중 하나에 참여할 수 있다. 온라인 시험은 각 시험이 1시간 45분에서 2시간 동안 진행된다.

아래 그림은 MYP의 다양한 과목 그룹에서 두 가지 평가 유형인 온라인 시험과 e포트폴리오가 어떻게 나뉘는지 간략하게 설명하고 있는데, 언어 습득 평가는 한 번의 화면 시험과 내부적으로 평가하는 개별 말하기 평가로 구성된다.

〈MYP 온라인 시험과 e포트폴리오 평가 모듈 예시〉

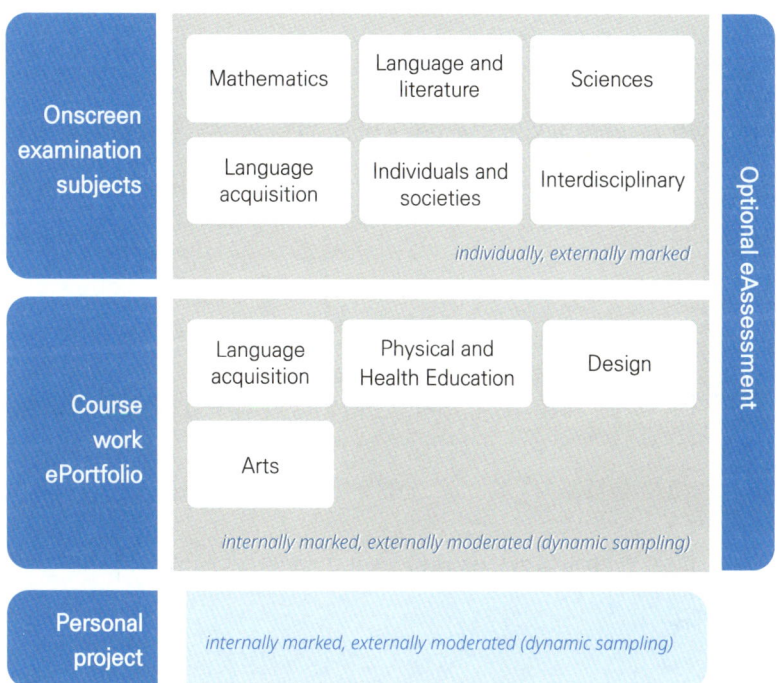

필수 개인 프로젝트와 선택 사항인 e포트폴리오 코스 과제는 교사의 내부 채점에 대한 외부 조정을 거치며, 온라인 시험은 숙련된 IB 시험관이 외부에서 채점한다.

① **개인 프로젝트(Personal Project)**

마지막 학년의 MYP 학생들은 장기간에 걸쳐 개인적으로 관심 있는 분야를 탐구한다. 이를 통해 학습을 통합하고 진학 및 교실 밖의 삶에서 필요한 중요한 기술을 개발할 수 있는 기회를 제공하며, 원칙에 입각한 평생 학습자가 되기 위한 자신감을 키우는 데 도움이 된다.

개인 프로젝트는 자기 관리, 연구, 커뮤니케이션, 비판적이고 창의적인 사고, 협업을 위한 학생의 학습 접근 방식(ATL) 기술을 공식적으로 평가한다. 개인 프로젝트의 요소는 3가지로 프로세스, 결과물, 보고서로 구성된다.

▎프로세스 (Process)
아이디어, 기준, 개발, 과제, 계획, 연구, 가능한 솔루션 및 진행 보고서

▎결과물 (Product or Outcome)
유형 또는 무형의 결과물에 대한 증거로 학생이 달성하거나 만들고자 했던 내용

▎보고서 (Report)
프로젝트와 그 영향에 대한 설명으로, 평가 기준을 따르는 구조로 작성한다. 보고서에는 프로젝트를 만드는 과정과 그 과정이 학생 또는 학습에 미친 영향에 대한 평가가 모두 설명되어 있다.

최종 보고서는 감독관이 평가하고 IB에서 외부적으로 조정하여 전 세계적으로 일관된 우수성 기준을 보장한다. 또한 각 프로젝트에는 최종 성취도 등급이 부여된다.

② **e포트폴리오(e-Portfolios)**

IB 중학 프로그램 5학년 학생들은 다음 과목 그룹에서 자신의 지식과 기술을 입증하기 위해 e포트폴리오 형태의 외부 평가를 받을 수 있다.

과정	세부 과목	평가 유형	사용 가능 언어
예술	시각 예술 - 미디어, 시각 예술	e 포 트 폴 리 오	영어 프랑스어 스페인어
	공연 예술 - 무용, 드라마, 음악		
체육건강교육	체육건강교육		
디자인	디자인		
언어 습득	언어 습득		아랍어, 중국어(북경어) 간체 및 중국어(북경어) 번체, 네덜란드어, 영어, 프랑스어, 독일어, 힌디어, 스페인어, 우르두어

e포트폴리오(e-Portfolios) 평가 과목

언어 습득 평가(Language Acquisition Assessment)는 한 번의 화면 시험(On-Screen Examination)과 내부적으로 평가하는 개별 말하기 평가로 구성된다. E포트폴리오는 담임 교사가 표시하며, IB 시험관은 국제 표준에 맞게 결과를 조정하기 위해 샘플 E포트폴리오를 평가한다. 학생은 지정된 액세스 기준 요건을 충족하는 경우 MYP 과정 결과와 IB MYP 인증서를 받는다.

③ 화면 시험(On-Screen Examinations)

MYP 마지막 학년 학생들은 다음 과목 그룹에 대한 지식과 기술을 입증하기 위해 온라인 시험의 형태로 외부 평가를 볼 수 있다.

과정	세부 과목	평가 유형	사용 가능 언어
언어 습득	언어 습득	화면 시험	아랍어, 중국어(북경어) 간체 및 중국어(북경어) 번체, 네덜란드어, 영어 프랑스어, 독일어, 힌디어, 스페인어, 르두어(유능하고 숙련된 레벨에 한함)
언어 및 문학	언어 및 문학	화면 시험	아랍어, 중국어(간체) 및 중국어(번체), 네덜란드어, 영어, 프랑스어, 독일어, 한국어, 스페인어
개인과 사회	지리	화면 시험	영어
개인과 사회	역사	화면 시험	영어, 프랑스어, 스페인어
개인과 사회	통합 인문학	화면 시험	영어, 프랑스어
수학	수학	화면 시험	영어, 프랑스어, 스페인어
수학	확장 수학	화면 시험	영어, 프랑스어
과학	생물	화면 시험	영어, 프랑스어, 스페인어
과학	화학	화면 시험	영어, 프랑스어
과학	물리	화면 시험	영어, 프랑스어
과학	통합 과학	화면 시험	영어, 프랑스어, 스페인어
핵심	학제 간 학습	화면 시험	영어, 프랑스어, 스페인어

〈화면 시험(On-Screen Examinations) 평가 과목〉

언어 습득 평가는 한 번의 화면 시험과 내부적으로 평가하는 개별 말하기 평가로 구성된다. 업계 최고 수준의 2시간짜리 학기말 시험은 매년 5월 또는 11월에 실시되며, 이 온라인 시험에 응시한 학생은 합격 기준을 충족하면 국제적으로 인정받는 공식 인증서를 취득할 수 있다.

3) MYP 세부 커리큘럼 평가 내용
(1) 언어 습득(Language Acquisition) 평가
각 언어 습득 목표는 동일한 가중치가 부여된 네 가지 평가 기준 중 하나에 해당하며, 각 기준에는 8개의 가능한 성취 수준(1~8)이 있으며, 교사가 학생의 과제에 대한 판단을 내릴 때 사용하는 고유한 설명이 있는 4개의 부분으로 나뉜다.

▎ **기준 A : 듣기** (Listening)
학생들은 구어 텍스트와 함께 제시된 이미지 및 기타 공간적 측면이 아이디어, 가치 및 태도를 전달하기 위해 어떻게 상호 작용하는지 이해하기 위해 구어 멀티모델 텍스트에서 의미를 해석하고 구성한다.

▎ **기준 B : 읽기** (Reading)
학생들은 의미를 구성하고 텍스트의 서면, 공간 및 시각적 측면을 해석하여 서면 텍스트와 함께 제시된 이러한 측면이 아이디어, 가치 및 태도를 전달하기 위해 어떻게 상호 작용하는지 이해한다.

기준 C : 말하기 (Speaking)

학생들은 목표 언어로 된 음성, 서면 및 시각적 텍스트의 지원을 받아 개인적, 지역적 및 세계적 관심사와 중요성에 대한 다양한 주제에 대해 상호 작용함으로써 의사소통 능력을 개발한다. 학생들은 언어 및 문학 개념에 대한 이해를 적용하여 다양한 구조, 전략 및 기법을 개발하고 기술과 효과를 높인다.

기준 D : 쓰기 (Writing)

학생은 가정에서 사용하는 언어, 교실에서 사용하는 언어, 공식 및 비공식적 교류, 사회적 및 학문적 언어 등 청중과 목적에 적합한 언어를 인식하고 사용한다. 학생은 언어, 형식, 방식, 매체 및 문학적 개념에 대한 이해를 적용하여 아이디어, 가치 및 의견을 창의적이고 의미 있는 방식으로 표현한다.

(2) 언어와 문학(Language and Literature) 평가

각 언어 및 문학 목표는 네 가지 평가 기준 중 하나에 해당하며 동일한 가중치가 부여된 평가 기준 중 하나에 해당한다. 각 기준에는 8개의 가능한 성취도 수준(1~8)이 있으며, 교사가 학생의 과제에 대한 판단을 내릴 때 사용하는 고유한 설명이 있는 4개의 부분으로 나뉜다.

기준 A: 분석 (Analysing)

학생은 창작자의 선택, 텍스트의 다양한 구성 요소 및 텍스트 간의 관계에 대한 이해를 보여주며 청중의 반응과 제작자의 목적에 대해 추론할 수 있다. 학생 텍스트를 사용하여 자신의 반응을 뒷받침하고 다양한 관점과 해석을 반영한다.

기준 B: 정리하기 (Organizing)

학생은 다양한 형식과 목적에 맞는 적절한 규칙을 사용하여 자신의 생각과 의견을 이해하고 정리한다. 학생은 학문적 정직성을 유지하는 것이 중요하다는 것을 인식하며, 지적 재산권을 존중하고 모든 출처를 정확하게 참조한다.

기준 C: 텍스트 제작 (Producing Text)

학생은 창작 과정 자체와 연관성에 대한 이해에 중점을 두고 서면 및 음성 텍스트를 제작한다. 창작 과정 자체와 창작자와 청중 사이의 관계에 대한 이해에 초점을 맞춰 텍스트를 작성한다. 학생은 창작자와 청중 모두에게 영향을 미치는 텍스트를 제작하기 위한 선택을 한다.

기준 D: 언어 사용 (Using Language)

학생은 자신을 개발하고, 조직하고, 표현하며, 생각, 아이디어 및 정보를 전달한다. 문맥과 의도에 적합한 정확하고 다양한 언어를 사용한다.

(3) 개인과 사회(Individuals and Societies) 평가

각 개인 및 사회 목표는 동일한 가중치가 부여된 네 가지 평가 기준 중 하나에 해당한다. 각 기준에는 8개의 가능한 성취 수준(1~8)이 있으며, 교사가 학생의 과제에 대한 판단을 내릴 때 사용하는 고유한 설명이 있는 4개의 부분으로 나뉜다.

┃ 기준 A: 지식 및 이해 (Knowing and Understanding)
학생은 개인과 사회에 대한 사실 및 개념적 지식을 개발한다.

┃ 기준 B: 조사하기 (Investigating)
　학생은 인문학 및 사회과학 분야와 관련된 체계적인 연구 기술 및 프로세스를 개발한다. 학생은 독립적으로 또는 다른 사람과 협력하여 조사하기 위한 성공적인 전략을 개발한다.

┃ 기준 C: 의사소통 (Communicating)
　학생은 다양한 미디어와 프레젠테이션 형식을 사용하여 학습 내용을 정리하고, 문서화하고, 전달하는 기술을 개발한다.

┃ 기준 D: 비판적 사고 (Thinking Critically)
　학생은 비판적 사고 기술을 사용하여 개인과 사회에 대한 이해와 조사 과정을 개발하고 적용한다.

(4) 과학(Sciences) 평가

　각 과학 목표는 동일한 가중치가 부여된 네 가지 평가 기준 중 하나에 해당한다. 각 기준에는 8개의 가능한 성취 수준(1~8)이 있으며, 교사가 학생의 과제에 대한 판단을 내릴 때 사용하는 고유한 설명이 있는 4개의 부분으로 나뉜다.

▍기준 A: 지식과 이해 (Knowing and Understanding)

학생들은 과학 지식(사실, 아이디어, 개념, 과정, 법칙, 원리, 모델 및 이론)을 개발하고 이를 적용하여 문제를 해결하고 과학적으로 뒷받침되는 판단을 표현한다. .

▍기준 B: 탐구하고 설계하기 (Inquiring and Designing)

학생들은 과학적 조사를 설계, 분석 및 수행함으로써 지적 및 실용적 기술을 개발한다.

▍기준 C: 처리 및 평가 (Processing and Evaluating)

학생은 정성적 및 정량적 데이터를 수집, 처리 및 해석하고 적절하게 도달한 결론을 설명한다.

▍기준 D: 과학의 영향에 대한 성찰
(Reflecting on The Impacts of Science)

학생은 과학적 발전의 의미와 특정 문제 또는 이슈에 대한 적용을 평가한다. 이해를 입증하기 위해 다양한 과학적 언어를 사용한다. 학생은 과학적 의사소통을 할 때 다른 사람의 연구를 문서화하는 것의 중요성을 인식해야 한다.

(5) 수학(Mathematics) 평가

각 수학 목표는 동일한 가중치가 부여된 네 가지 평가 기준 중 하나에 해당한다. 각 기준에는 8개의 가능한 성취 수준(1~8)이 있으며, 교사가 학생의 과제에 대한 판단을 내릴 때 사용하는 고유한 설명이 있는 4개의 부분으로 나뉜다.

기준 A: 지식과 이해 (Knowing and understanding)

학생들은 다양한 맥락에서 익숙한 상황과 낯선 상황의 문제를 해결하기 위해 수학을 선택하고 적용하여 프레임워크의 가지(수, 대수, 기하학 및 삼각법, 통계 및 확률)에 대한 지식과 이해를 보여준다.

기준 B: 패턴 조사 (Investigating patterns)

학생들은 조사를 통해 위험을 감수하고 탐구하며 비판적으로 생각하는 사람이 된다.

기준 C: 의사소통 (Communicating)

학생들은 구두 및 서면으로 수학적 아이디어, 추론 및 결과를 전달할 때 적절한 수학적 언어와 다양한 형태의 표현을 사용한다.

기준 D: 실생활 맥락에서 수학 적용
(Applying mathematics in Real-life contexts)

학생들은 이론적 수학적 지식을 실제 상황에 적용하고, 적절한 문제 해결 전략을 적용하며, 타당한 결론을 도출하고, 결과를 성찰한다.

(6) 예술(arts) 평가

각 예술 목표는 동일한 가중치가 부여된 네 가지 평가 기준 중 하나에 해당한다. 각 기준에는 8개의 가능한 성취 수준(1~8)이 있으며, 교사가 학생의 과제에 대한 판단을 내릴 때 사용하는 고유한 설명이 있는 4개의 부분으로 나뉜다.

기준 A: 조사하기 (Investigating)

예술 사조 또는 장르와 예술 작품 및 공연에 대한 연구를 통해 학생들은 예술을 이해하고 감상하게 된다. 학생들은 조사 기술을 사용하여 다양한 출처를 활용하고, 예술 운동이나 장르 및 예술 작품 및 공연에 대한 관련 정보를 평가하고 선택할 수 있는 정보 활용 능력을 개발한다.

기준 B: 개발 (Developing)

학생들은 예술 형식에 적극적으로 참여할 수 있는 기회를 제공하는 실제적인 탐구를 통해 아이디어를 개발한다. 실용적인 탐구를 통해 학생들은 기술 및 기법을 습득 및 개발하고 예술 형식을 실험해야 한다. 학생들은 예술적 의도와 결정을 의도적으로 알리기 위해 실용적인 탐구와 예술 및 예술 작품에 대한 지식과 이해를 모두 사용한다.

기준 C: 창작 또는 공연 (Creating or Performing)

학생의 기술과 기법 구사 능력은 최종 예술 작품의 창작 또는 공연을 통해 입증되며, 이를 종합적으로 평가한다.

기준 D: 평가 (Evaluating)

학생은 자신의 작품과 자신에 대한 성찰을 통해 자신의 예술적 발전과 예술이 자신의 삶과 세상에서 어떤 역할을 하는지를 더 잘 알게 된다.

(7) 체육 및 건강 교육(Physical And Health Education) 평가

각 체육 및 건강 교육 목표는 동일한 가중치가 부여된 네 가지 평가 기준 중 하나에 해당한다. 각 기준에는 8개의 가능한 성취 수준(1~8)이 있으며, 교사가 학생의 과제에 대한 판단을 내릴 때 사용하는 고유한 설명이 있는 4개의 부분으로 나뉜다.

▎**기준 A: 지식과 이해** (Knowing and Understanding)

학생들은 문제를 파악하고 해결하기 위해 건강 및 신체 활동에 대한 지식과 이해를 개발한다.

▎**기준 B: 수행을 위한 계획** (Planning for Performance)

탐구 활동을 통해 학생들은 체육 및 건강 교육 성과를 개선하기 위한 계획을 설계, 분석, 평가 및 수행한다.

▎**기준 C: 적용 및 수행** (Applying and Performing)

학생들은 다양한 신체 활동에 참여함으로써 실용적인 기술, 기술, 전략 및 운동 개념을 개발하고 적용한다.

▎**기준 D: 성과 반영 및 개선** (Reflecting and Improving Performance)

학생들은 개인 및 사회적 발달을 향상시키고, 목표를 설정하고, 책임감 있는 행동을 취하며, 자신의 성과와 타인의 성과를 반성한다.

(8) 디자인(Design) 평가

각 디자인 목표는 동일한 가중치가 부여된 네 가지 평가 기준 중 하나에 해당한다. 각 기준에는 8개의 가능한 성취 수준(1~8)이 있으며, 교사가 학생의 과제에 대한 판단을 내릴 때 사용하는 고유한 설명이 있는 4개의 부분으로 나뉜다.

기준 A: 탐구 및 분석하기 (Inquiring and Analysing)

학생들은 해결해야 할 문제를 파악할 수 있는 디자인 상황을 제시받는다. 학생들은 솔루션의 필요성을 분석하고 문제의 본질에 대한 조사를 수행한다.

기준 B: 아이디어 개발 (Developing Ideas)

학생들은 솔루션 개발의 원동력이 되는 세부 사양을 작성한다. 해결책을 제시한다.

기준 C: 솔루션 만들기 (Creating The Solution)

학생들은 선택한 솔루션의 제작을 계획한 다음, 계획에 따라 테스트 및 평가에 충분한 프로토타입을 만든다.

기준 D: 평가 (Evaluating)

학생은 솔루션을 평가하기 위한 테스트를 설계하고, 해당 테스트를 수행하며, 솔루션의 성공 여부를 객관적으로 평가한다. 솔루션이 개선될 수 있는 영역을 파악하고 솔루션이 고객 또는 대상 고객에게 어떤 영향을 미칠지 설명한다.

**미래형 교육 혁신,
국제 바칼로레아 IB**

V.
디플로마 프로그램(DP)

V. 디플로마 프로그램(DP)

1. DP 개요

1) DP 교육 목표

1968년에 설립된 IB의 디플로마 프로그램(Diploma Programme, 이하 DP)은 IB에서 제공하는 최초의 프로그램이다. DP는 학생들에게 균형 잡힌 교육을 제공하고, 지리적, 문화적 이동성을 촉진하며, 국제적 이해를 증진하기 위해 설립되었다.

당시 DP는 제네바 국제학교의 교사들이 다른 여러 국제학교의 도움을 받아 만들었다. 그 이후로 전 세계의 혁신적이고 헌신적인 교사들과 시험관들이 프로그램 개발에 중요한 역할을 해왔다.

DP 프로그램은 16세에서 19세 사이의 학생들을 위한 평가 프로그램으로 전 세계 유수의 대학에서 인정받고 있다. 2023년 9월 현재 전 세계 155개국에서 3,686개 학교가 DP 프로그램을 제공하고 있다.

IB는 DP를 통해 아래와 같이 학생을 육성하려는 교육 목표가 있다.

- 지식의 폭과 깊이가 뛰어난 학생을 육성한다
- 신체적, 지적, 정서적, 윤리적으로 우수한 학생으로 교육한다
- 2개 이상의 언어를 공부한다
- 전통적인 학업 과목에서 탁월함을 가진다
- 프로그램의 고유한 지식이론 과정을 통해 지식의 본질을 탐구한다

2) DP 교육 내용

DP의 커리큘럼은 「DP 핵심 과목(DP Core Subjects)」과 6개의 「주요 과목(DP Subjects)」으로 구성된다. DP 핵심 과목은 세 가지 필수 구성 요소로 구성되며, 학생들의 교육 경험을 넓히고 지식과 기술을 적용하도록 도전하는 것을 목표로 한다. IB의 DP는 「DP 핵심 과목(DP Core Subjects)」을 중심으로 진행되며, 세 가지 구성요소가 핵심을 구성한다. 학생들은 이 핵심 과목을 개별 과목과 함께 학습한다.

DP 핵심 과목(DP Core Subjects)의 세 가지 필수 구성요소는 아래와 같다.

▍DP 핵심 과목 (DP Core Subjects)
- 지식 이론(Theory of Knowledge)
- 확장 에세이(Extended Essay)
- 창의성, 활동, 봉사(Creativity, Activity, Service)

DP의 주요 6개 과목(DP Subjects)은 아래와 같다.

▎DP 주요 과목 (Dp Subjects)

• 언어와 문학 연구(Studies in Language and Literature)
- 언어A : 문학(Language A: Literature)
- 언어A : 언어와 문학(Language A: Language and Literature)
- 문학과 공연(Literature and Performance)

• 언어 습득(Language Acquisition)
- 고전언어(Classical Languages)
- 언어 기초(Language Ab Initio)
- 언어B(Language B)

• 개인과 사회(Individuals and Societies)
- 비즈니스 관리(Business Management)
- 디지털 사회(Digital Society)
- 경제학(Economics)
- 지리(Geography)
- 글로벌 정치(Global Politics)
- 역사(History)
- 언어와 문화(Language and Culture)

- 철학(Philosophy)
- 심리학(Psychology)
- 사회 및 문화 인류학(Social and Cultural Anthropology)
- 세계 종교(World Religions)

- **과학(Sciences)**
- 생물학(Biology)
- 화학(Chemistry)
- 컴퓨터 과학(Computer Science)
- 디자인 기술(Design Technology)
- 환경 시스템 및 사회(Environmental Systems and Societies)
- 물리학(Physics)
- 스포츠, 운동 및 건강 과학(Sports, Exercise and Health Science)

수학(Mathematics)
분석 및 접근법(Analysis and Approaches)
응용 및 해석(Applications and Interpretation)

- **예술(Arts)**
- 댄스(Dance)
- 영화(Film)

- 음악(Music)
- 연극(Theatre)
- 시각 예술(Visual arts)

2. DP의 커리큘럼

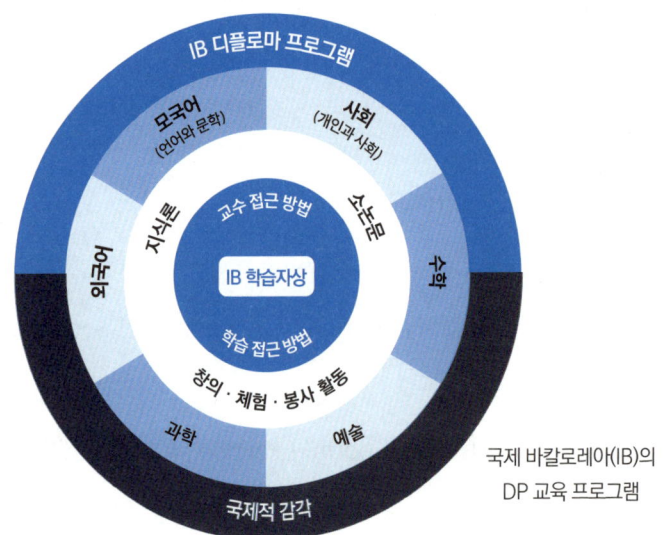

국제 바칼로레아(IB)의
DP 교육 프로그램

1) DP 핵심 과목(DP core subjects)

　DP 핵심 과목은 학생들의 교육 경험을 넓히고 지식과 기술을 적용하도록 도전하는 것을 목표로 하는 세 가지 필수 구성요소로 이루어져 있다. 세 가지 핵심 구성요소는 다음과 같다.

(1) 지식 이론 (Theory of Knowledge, ToK)

지식의 이론(ToK)은 발표회와 달리 1,600단어 에세이를 통해 평가한다. 이 시험은 학생들에게 지식의 본질과 본인이 습득한 지식을 어떻게 알 수 있는지에 대해 성찰하는 과정이다. ToK는 국제 바칼로레아(IB) 디플로마 프로그램(DP) 핵심 과정의 일부이며 모든 학생이 필수로 이수해야 한다.

ToK는 주로 질문으로 구성되어 있다. 이 중 가장 중심이 되는 질문은 "어떻게 알 수 있는가?"이며, 이러한 질문에 대한 토론을 통해 학생들은 자신의 개인적, 이념적 가정에 대한 인식을 높이고 문화적 관점의 다양성과 풍부함에 대한 인식을 키울 수 있다. 예시 질문은 아래와 같다.

- 무엇이 X에 대한 증거로 간주되는가?
- 어떤 것이 Y의 가장 좋은 모델인지 어떻게 판단할 수 있는가?
- 이론 Z는 현실 세계에서 무엇을 의미하는가?

ToK 과정은 발표회와는 달리 1,600단어 에세이를 통해 평가하며, 제목은 매 시험 세션마다 변경된다. 예시 문제는 다음과 같다.

- 지식의 영역은 과거에 의해 어느 정도 형성되었는가? 두 가지 지식 영역을 참조하여 생각해 보자. To what extent are areas of knowledge shaped by their past? Consider with reference to two areas of knowledge.

- '여러 분야의 사실과 이론을 연결하여 공통된 설명의 토대를 만들지 못할 이유가 없다'는 진술에 어느 정도 동의하는가? 'There is no reason why we cannot link facts and theories across disciplines and create a common groundwork of explanation.' To what extent do you agree with this statement?
- 중립적인 질문이란 있을 수 없다. 두 가지 지식 영역을 참조하여 이 진술을 평가하라. There is no such thing as a neutral question. Evaluate this statement with reference to two areas of knowledge.
- '역사의 임무는 인간 본성의 변함없고 보편적인 원리를 발견하는 것이다.' 역사와 다른 한 가지 지식 영역이 이 과업에 어느 정도 성공했는가? 'The task of history is the discovering of the constant and universal principles of human nature.' To what extent are history and one other area of knowledge successful in this task?

(2) 확장 에세이(Extended Essay)

확장 에세이(Extended Essay)는 IB 디플로마 프로그램(DP)의 필수 구성요소이며 4,000단어 분량의 논문으로 마무리되는 독립적인 연구 작품이다.

확장 에세이는 다음을 제공한다.

- 학부 연구를 위한 실질적인 준비 과정
- 개인적으로 관심 있는 주제를 조사할 수 있는 기회이며, 6가지 DP 과목 중 하나와 관련이 있거나 '세계학 확장 에세이(World studies extended

essay)'의 학제 간 접근 방식

확장 에세이의 연구 과정을 통해 학생들은 다음과 같은 기술을 개발한다.

- 적절한 연구 질문 공식화하기
- 주제에 대해 개인적으로 탐구하기
- 아이디어 전달하기
- 논증 전개하기

학생들은 이 과정에 참여하여 지식을 분석, 종합, 평가하는 능력을 키울 수 있다. 또한 확장 에세이는 '세계 연구(World studies)[10]'에서 수행될 수도 있으며, 두 개의 IB 디플로마 분야에 걸쳐 세계적으로 중요한 이슈에 대한 심층적인 학제 간 연구를 수행한다.

세계 연구 확장 에세이(World studies extended essay)는 전 세계적으로 중요한 주제에 초점을 맞춰야 하며, 이를 통해 학생들은 세계 식량 위기, 기후 변화, 테러리즘, 에너지 안보, 이주, 세계 보건, 기술 및 문화 교류와 같은 문제를 심도있게 다룬다. 세계 연구 확장 에세이를 조사하고 작성하는 과정은 국제적인 마인드, 특히 글로벌 의식의 개념을 발전시키는데, 아래 세 가지 요소를 포함한다.

---

10 세계 연구(World Studies)는 2001년 마힌드라 대학(The United World College Of Mahindra)에서 처음 제안되었으며, 2005년 확장 에세이 파일럿 옵션(Pilot Option)으로 설정되었다.

| 글로벌 감수성 (Global Sensitivity)

지구의 발전을 표현하는 지역적 현상과 경험에 대한 민감성

| 글로벌 이해 (Global Understanding)

전 세계적으로 중요한 문제에 대해 유연하고 정보에 입각한 방식으로 사고하는 능력

| 글로벌 자아 (Global Self)

전 세계에 긍정적인 기여를 할 수 있는 글로벌 행위자이자 인류의 일원으로서 자아에 대한 인식의 발전

(3) 창의성, 활동, 봉사(Creativity, Activity, Service)

창의성, 활동, 봉사(Creativity, Activity, Service, CAS)는 모든 학생이 디플로마 프로그램(DP)의 일부로 이수해야 하는 세 가지 필수 요소 중 하나이다. 디플로마 프로그램 전반에 걸쳐 학습하는 CAS는 학생들이 학업과 함께 다양한 활동에 참여하게 한다. 공식적으로 평가되지는 않지만, 학생들은 DP의 일부로서 자신의 CAS 경험을 되돌아보고 CAS의 7가지 학습 성과를 달성했다는 증거를 제시한다.

특정 활동과 종종 결합되는 CAS의 세 가지 영역은 다음과 같은 특징을 가지고 있다.

- **창의성(Creativity)** : 예술 및 창의적 사고와 관련된 기타 경험

- **활동(Activity)** : 건강한 라이프스타일에 기여하고 DP의 다른 곳에서 학업 활동을 보완하는 육체적 노력
- **봉사(Service)** : 관련된 모든 사람의 권리, 존엄성 및 자율성이 존중되며, 학생에게 학습적 이점이 있는 무보수 자발적 교환

이러한 개념을 입증하기 위해 학생들은 CAS 프로젝트를 수행해야 하며, 이 프로젝트는 학생들에게 다음과 같은 도전을 요구한다.

- 주도성 발휘(Show Initiative)
- 인내심 발휘(Demonstrate Perseverance)
- 협업, 문제 해결 및 의사 결정과 같은 기술 개발(Develop Skills Such As Collaboration, Problem Solving And Decision Making)

2) DP의 6개 주요 과정 및 세부 과목

(1) 언어와 문학 연구 (Studies in Language and Literature)

언어와 문학 연구(Studies in Language and Literature) 과정은 언어A : 문학(Language A: literature), 언어A : 언어와 문학(Language A: language and Literature), 문학과 공연(Literature and Performance)으로 구성된다.

① 언어A : 문학 (Language A: literature)

문학은 문화와 역사 전반에 걸쳐 있으며, 특히 강력한 글쓰기 방식으로서 다양한 표현을 탐구하는 것을 목표로 한다. 이 과정은 문학의 생산과

수용에 기여하는 요소, 즉 작가와 독자의 창의성, 각자의 맥락 및 문학적 전통과의 상호작용의 본질, 언어가 의미 및 효과를 발생시키는 방식, 문학적 창작과 반응의 수행적 및 변형적 잠재력에 대한 이해를 개발하는 것을 목표로 한다.

다양한 문학적 형식과 시대 및 장소에 대한 문학 텍스트를 면밀히 분석하여 학생들은 자신의 해석과 타인의 비판적 관점을 고려하고, 이러한 입장이 문화적 신념 체계에 의해 어떻게 형성되는지 텍스트의 의미를 탐구한다.

② **언어A : 언어와 문학 (Language A: Language and Literature)**

언어와 문학 과정은 언어의 복잡하고 역동적인 특성을 연구하고 언어의 실용적, 미학적 차원을 탐구하는 것을 목표로 한다. 이 과정에서는 언어가 의사소통에서 수행하는 중요한 역할, 경험을 반영하고 세상을 형성하는 방식, 그리고 언어 생산자로서 개인의 역할을 탐구한다.

이 과정을 통해 언어의 생산자로서 학생들은 언어 선택, 텍스트 유형, 문학적 형식, 문맥적 요소가 모두 의미에 영향을 미치는 다양한 방식을 탐구하게 된다. 다양한 텍스트 유형과 문학적 형식에 대한 면밀한 분석을 통해 학생들은 자신의 해석과 타인의 비판적 관점을 고려하여 문화적 신념 체계에 의해 그러한 입장이 어떻게 형성되는지 탐구한다.

③ **문학과 공연 (Literature and Performance)**

　문학과 공연은 문학과 연극을 학제적으로 종합하는 학문이다. 이 과정은 면밀한 독서, 비평적 글쓰기 및 토론을 기반으로 한 문학적 분석과 연극의 실용적이고 미적인 요소를 결합한다. 이 과정에서 학생들은 다양한 문학 작품을 접하고, 극적인 텍스트를 연극으로 공연한다. 이 과정은 개별 분야와 관련된 지식, 기술 및 프로세스에 기반을 두고 있으며, 학제 간 이해를 발전시키며 문학과 공연의 상호 작용에서 생성되는 학제 간 이해를 개발한다.

　문학과 공연은 표준 레벨(SL) 과정으로만 제공된다. 문학과 공연은 언어와 문학 연구에 기반을 둔 세 가지 디플로마 프로그램(DP) 과정 중 하나이다. 언어 사용, 분석 수준, 비판적 성찰에 대한 기대치는 언어 및 문학 과정의 세 가지 연구에서 동일하다. 그러나 문학과 공연은 학생들에게 두 분야의 이해를 통합하여 더 깊은 통찰력을 키우고 단일 학문만으로는 불가능한 결과물을 만들어내도록 요구한다는 점에서 독특하다.

　공연을 통해 문학 텍스트를 탐구하는 것은 학생들에게 텍스트에 대한 독특한 관점을 제공하며, 마찬가지로 문학적 이해를 바탕으로 한 연극 공연은 학생들에게 연극 제작 과정에 대한 더 깊은 감수성을 제공한다. 문학과 공연은 학제 간 수업으로서 언어와 문학, 예술 과목의 수업 목표를 모두 공유한다.

　언어 및 문학 과정의 학습 목표는 다음과 같다.

- 다양한 시대, 스타일, 문화의 다양한 매체와 형식의 다양한 텍스트를 접할 수 있다.
- 듣기, 말하기, 읽기, 쓰기, 보기, 발표 및 공연 기술을 개발한다.
- 해석, 분석 및 평가 기술을 개발한다.
- 텍스트의 형식적, 미적 특성에 대한 민감성과 텍스트가 다양한 반응에 기여하고 다양한 의미를 열어주는 방법을 개발한다.
- 텍스트와 다양한 관점, 문화적 맥락, 지역 및 글로벌 이슈 간의 관계를 이해하고 다양한 반응에 기여하고 다양한 의미를 여는 방법에 대해 개발한다.
- 언어 및 문학 연구와 다른 학문 간의 관계에 대한 이해를 개발한다.
- 자신감 있고 창의적인 방식으로 의사소통하고 협력한다.
- 언어와 문학에 대한 평생의 관심과 즐거움을 키운다.

구성요소	권장교육시간	
	표준 SL	상위 HL
독자, 작가 및 텍스트	50	80
시간과 공간	50	80
상호텍스트성: 텍스트 연결	50	80
총 교육 시간	150	240

〈언어와 문학 연구(Studies in language and literature) 커리큘럼 모델 개요〉

* SL : Standard Level, HL : High Level

(2) 언어 습득 (Language Acquisition)

언어 습득(Language Acquisition) 과정은 고전언어(Classical Languages), 언어 기초(Language Ab initio), 언어B(Language B)로 구성된다.

① 고전 언어 (Classical Languages)

고전어 과정은 라틴어 또는 고전 그리스어와 문화를 중심으로 편성되었다. 이 과정은 학생들이 라틴어 또는 고전 그리스어에 능숙해져 고대 텍스트를 가장 즉각적인 방식으로 경험할 수 있도록 장려한다. 이 과정은 번역되지 않은 라틴어 또는 고전 그리스 문학의 독해에 중점을 두지만, 학생들은 이를 보완하여 다른 언어학적, 역사적, 고고학적, 미술사적 증거를 검토하여 고전 세계를 더 잘 이해할 수 있다.

세 가지 탐구 영역은 이러한 증거에 대한 연구의 토대가 되며, 학생들이 고전 언어에 대한 숙련도를 쌓고 분석 및 해석 기술을 개발하며 공부하는 텍스트에 반영된 역사적, 문화적, 정치적, 예술적 관심사에 대한 이해를 심화할 수 있는 틀을 제공한다.

이 과정은 고전 언어의 학생과 교사들이 언어, 문학, 문화를 완전히 통합적으로 연구하고, 고전 세계의 수동적인 독자나 수용자가 아닌 지속적인 고전 전통의 능동적인 참여자로 자리매김할 수 있도록 한다. 이 과정이 끝나면 모든 학생들은 원어로 쓰인 고전 문학을 읽고, 분석하고, 토론할 수 있어야 하며, 고전 언어 산문으로 된 짧은 창작물을 제출해야 한다.

고전 언어 과정의 목표는 다음과 같다.

- 학생들이 고전문학을 접하고, 사용하고, 즐길 수 있는 지식과 기술을 개발할 수 있도록 한다.
- 학생들이 고전 언어로 쓰여진 텍스트를 이해하고 연결할 수 있도록 한다.
- 학생들에게 고전 세계, 로마와 고대 그리스 사람들의 관점에 대한 감상을 제공한다.
- 고전 텍스트의 지속적인 관련성과 문학적 장점 및 그 안에서 제기된 문제에 대한 학생들의 인식을 개발한다.
- 고전 언어로 된 텍스트와 고전 문화 또는 전통의 다른 산물을 모두 포함하는 질문에 참여하는 학생들의 능력을 개발한다.
- 작업 및 추가 학습의 기초로서 학생들의 모국어 및 기타 언어에 대한 이해를 향상시킨다.

② **언어 기초 (Language Ab initio)**

언어 습득은 학생들이 학습한 언어가 사용되는 환경에서 성공적으로 의사소통할 수 있도록 필요한 기술과 문화 간 이해를 제공하기 위해 설계된 두 가지 현대 언어 과정인 언어 초급과 언어 B로 구성된다. SL에서만 제공되는 언어 초급은 목표 언어에 대한 경험이 전혀 없거나 거의 노출되지 않은 학생들을 위해 고안된 언어 습득 과정이다.

언어 초급반 학생들은 친숙하고 낯선 상황에서 목표 언어로 의사소통하는 방법을 배우면서 수용적이고 생산적이며 상호 작용하는 기술을 개발한다. 학생들은 언어, 주제 및 텍스트 학습을 통해 의사소통 능력을 개발한다. 정체성, 경험, 인간의 독창성, 사회 조직, 지구 공유 등 다섯 가지 주제가 정해져 있다.

이 주제는 언어 1과 언어 2에 공통으로 적용되지만, 언어 1 강의 계획서에는 5가지 주제 각각에 대해 4개의 주제가 추가로 규정되어 있어 총 20개의 주제를 2년 동안 다루어야 한다.

언어 A와 언어 B 모두에 공통적으로 적용되는 언어 습득 목표는 다음과 같다.

- 언어, 문화, 아이디어 및 전 세계적으로 중요한 이슈에 대한 연구를 통해 국제적 마인드를 개발한다.
- 학생들이 다양한 맥락에서 다양한 목적으로 학습한 언어로 의사소통할 수 있도록 한다.
- 텍스트 학습과 사회적 상호작용을 통해 다양한 문화권 사람들의 다양한 관점에 대한 인식과 감사를 장려한다.
- 학생들에게 친숙한 언어와 문화 간의 관계에 대한 이해를 증진한다.
- 다른 지식 영역과 관련하여 언어의 중요성에 대한 학생들의 인식을 개발한다.
- 언어 학습과 탐구 과정을 통해 학생들에게 지적 참여와 비판적, 창의적 사고력 개발의 기회를 제공한다.
- 학생들에게 추가 언어 사용을 통해 추가 학습, 업무 및 여가를 위한 기반을 제공한다.

- 호기심과 창의력을 키우고 평생 언어 학습을 즐길 수 있도록 한다.

③ 언어B (Language B)

언어 B는 목표 언어에 대한 사전 경험이 있는 학생들을 위해 고안된 언어 습득 과정이다. 학생들은 언어, 주제 및 텍스트 학습을 통해 의사소통 능력을 더욱 발전시킨다. 정체성, 경험, 인간의 독창성, 사회 조직, 지구 공유 등 다섯 가지 주제가 정해져 있다.

언어 B의 SL과 HL 학생 모두 익숙하거나 익숙하지 않은 상황에서 목표 언어로 의사소통하는 방법을 배운다. HL에서는 원래 목표 언어로 쓰여진 문학 작품 두 편을 공부해야 하며, 학생들은 의사소통을 위해 사용하고 이해하는 언어의 범위와 복잡성을 확장해야 한다.

구성요소	권장교육시간	
	표준 SL	상위 HL
의미, 형식 및 언어	70	120
텍스트, 작성자, 대상	50	80
시간, 공간 및 문화	30	40
총 교육 시간	**150**	**240**

〈언어 습득(Language Acquisition) 커리큘럼 모델 개요〉

* SL : Standard Level, HL : High Level

(3) 개인과 사회 (Individuals and Societies)

개인과 사회(Individuals And Societies) 과정은 비즈니스 관리(Business Management), 디지털 사회(Digital Society), 경제학(Economics), 지리(Geography), 글로벌 정치(Global Politics), 역사(History), 언어와 문화(Language And Culture), 철학(Philosophy), 심리학(Psychology), 사회 및 문화 인류학(Social And Cultural Anthropology), 세계 종교(World Religions)로 구성된다.

① 비즈니스 관리 (Business Management)

비즈니스 관리 과정은 비즈니스 의사결정에 도움이 되는 비즈니스 콘텐츠, 개념 및 도구에 대한 지식을 개발하고자 하는 학생들의 현재와 미래의 요구를 충족하도록 설계되었다. 미래의 직원, 비즈니스 리더, 기업가 또는 사회적 기업가는 점점 더 상호 연결되는 글로벌 시장에서 비즈니스를 위한 변화의 주체로서 자신감 있고 창의적이며 동정심을 가질 수 있어야 한다.

비즈니스 관리 과정은 이러한 특성을 개발하도록 장려하기 위해 고안되었다. 이 과정은 창의성, 변화, 윤리, 지속 가능성이라는 네 가지 학제간 개념을 탐구함으로써 학생들이 비즈니스 관점에서 이러한 개념을 탐구할 수 있도록 한다.

비즈니스 관리는 전략적 불확실성의 현대적 맥락에서 비즈니스 기능, 관리 프로세스 및 의사결정에 중점을 둔다. 학생들은 비즈니스 의사결정이 조직 내부 및 외부 요인에 의해 어떻게 영향을 받는지, 그리고 이러한 의사결정이 다양한 내부 및 외부 이해관계자에게 어떤 영향을 미치는지 살펴본다.

및 회계, 마케팅 및 운영 관리의 운영 비즈니스 기능에 중점을 둔다. 비즈니스 관리는 도전적이고 역동적인 학문으로, 복잡한 비즈니스 환경에서 성장하고 발전하는 학생들의 요구를 충족하는 것 이상의 역할을 한다. 이 과정은 학생들이 끊임없이 변화하는 세상에서 직면하게 될 도전과 기회에 맞설 준비가 된 글로벌 시민이 될 수 있도록 준비한다.

DP 비즈니스 관리 과정의 목표는 다음과 같다.

- 자신감 있고 창의적인 비즈니스 리더, 기업가, 사회적 기업가 및 변화의 주체로서 성장한다.
- 윤리적이며 지속 가능한 비즈니스 관행에 대한 정보에 입각한 이해를 증진한다.
- 개인, 기업, 사회 간의 연관성을 탐구한다.
- 의사결정을 과정과 기술로서 이해한다.

〈비즈니스 관리(Business Management) 커리큘럼 모델 개요〉

구성요소	권장교육시간
단원 1: 비즈니스 관리 소개 1.1 비즈니스란 무엇인가요? 1.2 사업체의 유형 1.3 비즈니스 목표 1.4 이해관계자 1.5 성장과 진화 1.6 다국적 기업(MNC)	20
단원 2: 인적 자원 관리 2.1 인적 자원 관리 소개 2.2 조직 구조 2.3 리더십과 관리 2.4 동기 부여 및 동기 부여 해제 2.5 조직(기업) 문화(HL에만 해당) 2.6 커뮤니케이션 2.7 노사 관계(HL만 해당)	20
단원 3: 재무 및 회계 3.1 재무 소개 3.2 재원의 출처 3.3 비용 및 수익	30
3.4 최종 계정 3.5 수익성 및 유동성 비율 분석 3.6 부채/자본 비율 분석(HL만 해당) 3.7 현금 흐름 3.8. 투자 평가 3.9 예산(HL만 해당)	30

단원 4: 마케팅 4.1 마케팅 소개 4.2 마케팅 계획 4.3 판매 예측(HL만 해당) 4.4 시장 조사 4.5 마케팅 믹스의 7 가지 Ps 4.6 해외 마케팅(HL만 해당)	30
단원 5: 운영 관리 5.1 운영 관리 소개 5.2 운영 방법 5.3 린 생산 및 품질 관리(HL만 해당) 5.4 위치 5.5 손익분기점 분석 5.6 생산 계획(HL만 해당) 5.7 위기 관리 및 비상 계획(HL 전용) 5.8 연구 및 개발(HL만 해당) 5.9 경영 정보 시스템(HL만 해당)	15
비즈니스 관리 툴킷	10
논문 1의 사전 공개 진술에 할당된 연구 시간	5
내부 평가	20

② **디지털 사회 (Digital Society)**

　디지털 사회는 개인과 사회 주제 그룹에 속하는 학제 간 과정이다. 이 과정은 현대 사회에서 디지털 시스템과 기술의 영향과 중요성을 탐구하는 데 관심이 있는 학생들을 위해 개설되었다.

디지털 사회는 사회, 미디어, 인문학, It 및 관련 과목 분야의 광범위한 교사에게 어필할 수 있도록 고안되었다. 이 과정은 질문을 통해 개념(Concepts), 내용(Content) 및 맥락(Contexts)을 통합한다.

- 개념(Concepts)은 표현, 공간, 정체성과 같은 것으로 강력하고 널리 퍼져 있으며 논쟁의 여지가 있는 관점을 강조하여 탐구에 대한 통찰력을 제공한다.
- 내용(Content)은 데이터, 알고리즘, 미디어, Ai, 로봇 공학 등과 관련된 영역을 포함한 디지털 시스템에 대한 세부 정보를 통해 탐구에 정보를 제공한다.
- 맥락(Contexts)은 사회, 문화, 환경 등 디지털 사회에서 삶에 중요한 영역에 대한 탐구 상황을 제시한다.

본 과정의 목표는 다음과 같다.

- 과정의 개념, 내용, 맥락을 실제 사례에 적용하고 집중 탐구한다.
- 디지털 사회와 관련된 다양한 소스를 탐색한다.
- 사람과 커뮤니티에 대한 디지털 시스템의 영향 및 시사점 조사한다.
- 새로운 트렌드, 미래 발전 및 추가 인사이트에 대해 고찰한다.
- 디지털 사회에 대한 발견을 다른 사람들과 공유한다.

〈디지털 사회(Digital society) 커리큘럼 모델 개요〉

구성요소		
개요 1.1 디지털 사회란 무엇인가요?		
개념	내용	맥락
2.1 변화 2.2 표현 2.3 정체성 2.4 권력 2.5 공간 2.6 시스템 2.7 가치와 윤리	3.1 데이터 3.2 알고리즘 3.3 컴퓨터 3.4 네트워크와 인터넷 3.5 미디어 3.6 인공 지능 3.7 로봇과 자율 기술	4.1 문화 4.2 경제 4.3 환경 4.4 건강 4.5 인간 지식 4.6 정치 4.7 사회
조사 프로젝트(내부 평가) 디지털 시스템이 사람과 커뮤니티에 미치는 영향과 시사점에 대한 탐구 프로젝트임. 요구 사항은 SL과 HL 학생에게 공통적으로 적용됨.	HL 확장 : 과제 및 개입 5.1 글로벌 웰빙 5.2 거버넌스와 인권 5.3 지속 가능한 개발	

③ **경제학 (Economics)**

경제학은 학생들이 급변하는 세상에서 경제 활동의 복잡성과 상호 의존성을 이해할 수 있게 해주는 흥미롭고 역동적인 과목이다. 경제 이론의 핵심은 희소성의 문제이며, 이를 위해 선택이 필요하다. 경제학 과목에서는 경제 이론, 모델 및 주요 개념을 사용하여 개별 시장의 생산자와 소비자 수준(미시경제학), 정부와 국가 경제 수준(거시경제학), 국가 간 상호 의존성이 점점 커지는 국제적 수준(국제경제학)에서 이러한 선택이 이루어지는 방식을 살펴본다.

DP 경제학 과정에서는 학생들이 6가지 실제 이슈에 대한 조사를 통해 이러한 모델, 이론 및 주요 개념을 탐구하고 경험적 데이터를 사용하여 이를 적용할 수 있다. 학생들은 스스로 탐구함으로써 실제 경제 행동과 결과를 설명하는 데 있어 경제 모델의 가치와 한계를 모두 이해할 수 있게 된다.

희소성(Scarcity), 선택(Choice), 효율성(Efficiency), 형평성(Equity), 경제적 복지(Economic Well-Being), 지속가능성(Sustainability), 변화(Change), 상호 의존성(Interdependence) 개입(Intervention) 등 9가지 핵심 개념을 통해 6가지 실제 문제에 집중함으로써 경제학 과정의 학생들은 세계 시민으로서 책임감 있게 행동하도록 장려하는 지식, 기술, 가치, 태도를 개발할 수 있다.

경제학 과정의 목표는 다음과 같다.

- 미시경제학, 거시경제학 및 세계 경제 분야의 다양한 경제 이론, 모델, 아이디어 및 도구에 대한 비판적 이해를 개발한다.
- 경제 이론, 모델, 아이디어 및 도구를 적용하고 경제 데이터를 분석하여 실제 경제 문제와 개인 및 사회가 직면 한 문제를 이해하고 참여한다.
- 개인과 사회, 경제적 선택, 상호 작용, 도전 과제 및 결과, 경제적 의사 결정에 대한 개념적 이해를 개발할 수 있도록 하는 것이다.

〈경제학(Economics) 커리큘럼 모델 개요〉

구성요소	권장교육시간
단원 1: 경제학 소개 1.1 경제학이란 무엇인가? 1.2 경제학자들은 세상을 어떻게 접근할까?	10
단원 2: 미시경제학 2.1 수요 2.2 공급 2.3 경쟁적 시장 균형 2.4 소비자와 생산자의 최대화 행동에 대한 비판 2.5 수요의 탄력성 2.6 공급의 탄력성 2.7 미시경제학에서 정부의 역할 2.8 시장 실패-외부성과 공동 풀 또는 공동 접근 자원 2.9 시장 실패-공공재	35
단원 3: 거시 경제학 3.1 경제 활동 측정과 그 변화 설명하기 3.2 경제 활동의 변화-총수요와 총공급의 변화 3.3 거시경제의 목표 3.4 불평등과 빈곤의 경제학 3.5 수요 관리 (수요 측 정책)-통화 정책 3.6 수요 관리-재정 정책 3.7 공급 측면 정책	40
단원 4: 세계 경제 4.1 국제 무역의 이점 4.2 무역 보호의 유형 4.3 무역 통제/보호에 대한 찬반 주장 4.4 경제 통합 4.5 환율 4.6 국제 수지	45

4.7 지속 가능한 개발 4.8 개발 측정 4.9 경제 성장 및 / 또는 경제 발전의 장벽 4.10 경제 성장 및/또는 경제 개발 전략	45
내부 평가 세 가지 논평에 대한 포트폴리오	20

④ 지리 (Geography)

지리학은 현실 세계에 확고하게 기반을 둔 역동적인 과목이며 개인, 사회, 물리적 과정 사이의 상호작용에 중점을 둔다. 지리학은 이러한 상호작용의 추세와 패턴을 파악한다. 또한 사람들이 변화에 적응하고 대응하는 방식을 조사하고 그러한 변화와 관련된 실제적이고 가능한 관리 전략을 평가한다. 지리학은 다양한 규모와 관점에서 여러 장소 간의 유사점과 차이점을 설명한다.

지리학은 사회과학 또는 인간과학과 자연과학의 중간 지점을 차지하는 과목이다. 이 과목은 물리, 환경 및 인간 지리를 통합하며, 학생들은 사회경제적 방법론과 과학적 방법론의 요소를 모두 습득한다. 지리학은 다양한 학문의 관련 개념과 아이디어를 검토하여 학생들이 삶의 기술을 개발하고 접근법, 관점 및 아이디어, 대안 등에 대한 이해와 존중을 갖도록 돕는다.

지리 과정의 목표는 다음과 같다.

- 다양한 규모의 사람, 장소, 공간 및 환경 간의 역동적인 상호 관계에 대한 이해를 개발한다.
- 비판적 인식을 개발하고 지리적 문제 맥락에서 복잡성 사고를 고려한다.
- 지리적 문제가 강력한 인적 및 물리적 과정에 의해 어떻게 형성되었는지에 대한 심층적인 이해를 습득한다.
- 다양한 지리적 지식을 종합하여 다양한 문제를 어떻게 해결할 수 있는지에 대한 관점을 형성한다.
- 다양한 규모의 자원 관리를 통한 계획과 지속 가능한 개발의 필요성을 이해하고 평가한다.

〈지리(Geography) 커리큘럼 모델 개요〉

구성요소	권장교육시간	
	표준 SL	상위 HL
지리적 테마 – 7가지 옵션 (SL: 2가지 옵션, HL: 3가지 옵션) 담수 바다 및 해안가 극한 환경 지구물리학적 위험 레저, 관광 및 스포츠 식품 및 건강 도시 환경	60	90

지리적 관점 - 글로벌 변화 (SL 및 HL 핵심) 인구 분포-인구 변화 글로벌 기후-취약성 및 복원력 글로벌 자원 소비 및 보안	70	70
지리적 관점-글로벌 상호작용 (HL만 해당) 권력, 장소 및 네트워크 인간 개발과 다양성 글로벌 리스크 및 복원력	-	60
내부 평가 (SL 및 HL 현장조사) 현장 조사 후 이를 기반으로 한 서면 보고서로 이어짐. 현장 조사 질문, 정보 수집 및 평가를 통한 분석	20	20
총 교육시간	150	240

⑤ 글로벌 정치 (Global Politics)

글로벌 정치는 우리가 살고 있는 세계가 어떻게 작동하는지, 무엇이 세계를 변화시키는지 또는 변화를 막는지 더 많이 이해하고자 하는 학생들을 위한 과목이다. 이 과정은 정치 및 국제 관계 연구, 더 넓게는 사회과학과 인문학의 다양한 학문적 전통을 바탕으로 한다. 학생들은 현대 정치 문제와 도전에 비판적으로 참여함으로써 지역, 국가, 국제, 글로벌 차원의 정치 활동과 과정에 대한 지식과 이해를 쌓는다.

이 과정은 질문을 통해 개념(Concepts), 내용(Content) 및 맥락

(Contexts)을 통합한다.

- 개념(Concepts)은 권력, 주권, 정당성 및 상호 의존성과 같은 개념을 비판적으로 탐구하고 검토한다.
- 내용(Content)은 정치 시스템과 행위자, 권력 상호 작용, 프레임 워크, 조약과 협약, 용어, 분석 모델 등 다양한 세계 정치 주제를 통해 탐구한다.
- 맥락(Contexts)은 현대의 실제 사례를 통해 맥락을 다양화하고 문제의식을 유도한다.

〈글로벌 정치(Global Politics) 커리큘럼 모델 개요〉

구성요소	권장교육시간	
	표준 SL	상위 HL
핵심 : 권력과 글로벌 정치에 대한 이해 주제별 연구 권리와 정의 개발과 지속 가능성 평화와 분쟁	125	125
내부 평가 참여 프로젝트	25	35
HL 확장 글로벌 정치적 도전	-	80
총 교육시간	150	240

⑥ 역사 (History)

역사 과정은 역사에 대한 비교적이고 다각적 관점의 역사 접근법을 기반으로 하는 세계사 과목이다. 정치, 경제, 사회, 문화 등 다양한 유형의 역사를 공부하며 구조와 유연성의 균형을 제공한다.

이 과정은 학생들이 역사적으로 사고하고 사실적 지식을 습득하는 것뿐만 아니라 역사적 기술을 개발하도록 장려하는 것이 중요하다는 점을 강조한다. 이 과정은 비판적 사고 능력을 개발하고 역사에 대한 다양한 해석을 이해하는 데 중점을 둔다. 이러한 방식으로 이 과정은 과거에 대한 도전적이고 과거에 대한 까다로운 비판적 탐구를 포함한다.

역사 과정의 목표는 다음과 같다.

- 과거에 대한 이해와 지속적인 관심을 개발한다.
- 다양한 관점을 접하고 역사적 개념, 문제, 사건 및 발전의 복잡한 특성을 이해하도록 장려한다.
- 세계 여러 지역의 역사 연구를 통해 국제적 마인드를 함양한다.
- 학문으로서의 역사에 대한 이해와 연대기 및 맥락에 대한 감각, 다양한 역사적 관점에 대한 이해를 포함한 역사의식을 개발한다.

자료와 효과적으로 소통하는 것을 포함한 주요 역사적 기술을 개발한다.

- 과거에 대한 성찰을 장려함으로써 자신과 현대 사회에 대한 학생들의 이해를 높인다.

〈역사(History) 커리큘럼 모델 개요〉

구성요소	권장교육시간
규정된 주제 (다음 중 하나, 두 가지 사례 연구 사용, 각각 전 세계의 다른 지역에서 가져온 두 가지 사례 연구 중 하나) 1. 군사 지도자 2. 정복과 그 영향 3. 세계 대전으로의 이동 4. 권리와 항의 5. 갈등과 개입	40
세계사 주제 (다음 중 두 가지를 세계 여러 지역의 주제 예시를 사용하여 선택함) 1. 사회와 경제(750~1400) 2. 전쟁의 원인과 결과(750-1500)	90
3. 왕조와 통치자 (750-1500) 4. 전환기의 사회 (1400-1700) 5. 초기 근대 국가(1450-1789) 6. 근대 초기 전쟁의 원인과 결과 (1500-1750) 7. 산업화의 기원, 발전 및 영향 (1750-2005) 8. 독립운동 (1800-2000) 9. 민주주의 국가의 출현과 발전 (1848-2000) 10. 권위주의 국가 (20세기) 11. 20세기 전쟁의 원인과 결과 12. 냉전: 초강대국의 긴장과 경쟁 (20세기)	90
내부 평가 역사적 조사	20

⑦ **세계 종교 (World Religions)**

　세계 종교 과정은 세계 9대 종교의 다양한 신념과 관습에 대해 체계적이고 분석적이면서도 공감할 수 있는 학습이다. 이 과정은 다양한 종교를 공부하도록 요구하고 현대 세계의 종교 문제에 대한 인식을 증진하고자 한다.

　학생들은 특정 종교에 속한다는 것이 어떤 것인지, 그리고 그 종교를 믿는 사람들이 세상을 이해하고, 그 안에서 행동하고, 다른 사람들과 관계하고 반응하는 방식에 어떤 영향을 미치는지에 대한 감각을 익힐 수 있도록 종교를 연구한다.

세계 종교 과정의 목표는 다음과 같다.
- 종교 연구에 대한 탐구적, 분석적, 공감적 접근을 장려한다.
- 세계 종교의 다양성에 대한 정보에 입각한 이해를 개발한다.
- 신앙인의 신념과 관습의 중요성에 대한 존중하는 인식을 함양한다.
- 종교가 사람들의 삶에 어떤 영향을 미치는지에 대한 이해를 발전시킨다.
- 오늘날 세계의 종교적, 영적 신념, 논쟁 및 운동을 둘러싼 문제에 대한 글로벌 인식을 장려한다.
- 책임감 있고 정보에 입각한 국제 시민권을 장려한다.

〈세계 종교(World Religions) 커리큘럼 모델 개요〉

구성요소	권장교육시간
1부: 세계 종교 소개 (다섯 가지 세계 종교를 선택해서 공부한다. 다음 세 가지 범주, 9개 중 각각 하나 이상에서 선택해야 함) 힌두교, 불교, 시크교 유대교, 기독교, 이슬람교 도교, 자이나교, 바하이 신앙 다음 세 가지 질문은 모든 세계 종교를 연구함. 인간의 조건은 무엇인가? 우리는 어디로 가는가? 어떻게 그곳에 도달할 수 있는가?	50
2부: 심층 학습 (6개의 세계 종교 중 두 가지를 선택해 각 범주에서 하나씩 공부함) 힌두교, 불교, 시크교 유대교, 기독교, 이슬람교 각 종교에 대한 연구는 다음 테마를 통해 진행됨. 의식 신성한 텍스트 교리/신념 종교적 경험 윤리와 도덕적 행동	80
3부: 내부 평가 조사 연구	20

⑧ 철학 (Philosophy)

철학 강좌는 학생들이 세계에서 가장 흥미롭고 영향력 있는 사상가들과 교류할 수 있는 기회를 제공한다. 또한 논증을 명확하게 공식화하고, 합리적인 판단을 내리고, 매우 복잡하고 다면적인 문제를 평가하는 능력과 같이 전이 가능성이 높은 기술을 개발한다.

이 과정은 '철학하기(Doing Philosophy)', 즉 학생들이 철학적 활동에 적극적으로 참여하도록 하는 데 중점을 둔다. 특히 학생들의 지적 호기심을 자극하고 자신과 다른 사람의 관점을 모두 검토하도록 장려하는 데 중점을 둔다. 학생들은 자신만의 철학적 목소리를 개발하고 독립적인 사상가로 성장하도록 학습한다.

학생들은 철학적 주제를 연구하고 철학적 텍스트를 면밀히 읽음으로써 자신의 능력을 개발한다. 또한 철학적 지식과 기술을 실제 상황에 적용하고 비철학적 소재를 철학적 방식으로 다루는 방법을 탐구하고 배운다.

철학 수업의 목표는 다음과 같다.

- 탐구적이고 지적으로 호기심 많은 사고 방식을 개발한다.
- 건전하고 목적에 맞는 방식으로 주장을 공식화한다.
- 자신의 경험과 이념적, 문화적 관점을 비판적으로 검토한다.
- 철학적 사고의 접근 방식의 다양성을 인식한다.
- 철학적 지식과 기술을 주변 세계에 적용한다.

〈철학(Philosophy) 커리큘럼 모델 개요〉

구성요소	권장교육시간
핵심 주제 핵심 주제인 '인간다움'은 모든 학생이 필수적으로 이수해야 하는 주제임.	50
선택 테마 (SL 학생들은 다음 목록에서 한 가지 주제를 선택해 공부해야 함) 1. 미학 2. 인식론 3. 윤리 4. 철학과 현대 사회	40
5. 종교 철학 6. 과학 철학 7. 정치 철학	40
규정된 텍스트 (학생들은 'IB 규정 철학적 텍스트 목록'에서 한 가지 텍스트를 공부해야 함)	40
내부 평가 (SL 및 HL 학생들은 비철학적 자극에 대한 철학적 분석을 작성해야 함)	20

⑨ **심리학 (Psychology)**

심리학 과정의 핵심은 행동을 이해하는 세 가지 접근법, 즉 생물학적 접근법, 인지적 접근법, 사회문화적 접근법을 소개하는 것이다. 학생들은 이 분야의 이해를 발전시킨 지식, 개념, 이론 및 연구를 공부하고 비판적으로 평가한다.

심리학 연구에 대한 이러한 접근법의 상호 작용은 정신 과정과 행동을 복잡하고 역동적인 현상으로 이해하는 총체적이고 통합적인 접근법의 기초를 형성하여 학생들이 자신의 행동과 타인의 행동 사이의 공통점뿐만 아니라 다양성을 인식할 수 있게 해준다.

심리학자들은 관찰과 가설을 테스트하기 위해 정성적, 정량적 연구 방법을 다양하게 사용한다. 심리학, 발달 심리학, 건강 심리학, 관계 심리학 등 응용 심리학 분야에 초점을 맞춘 네 가지 옵션을 통해 세 가지 접근법의 기여와 상호 작용을 이해한다. 이 과정은 심리학에 대한 접근 방식을 특정 분야에 적용할 수 있는 기회를 제공한다.

심리학 과정의 목표는 다음과 같다.

- 정신 과정과 행동에 영향을 미치는 생물학적, 인지적 및 사회 문화적 요인에 대한 이해를 개발한다.
- 정신 과정과 행동에 영향을 미치는 생물학적, 인지적 및 사회 문화적 요인에 대한 이해를 적어도 하나의 응용 연구 영역에 적용한다.
- 다양한 탐구 방법을 이해한다.
- 일반적으로 심리학 연구에서 윤리적 실천의 중요성을 이해하고 자신의 탐구에서 윤리적 실천을 관찰한다.

- 모든 심리학적 탐구와 토론에서 윤리적 관행이 지켜지도록 한다.
- 심리학 연구가 실제 문제를 해결하고 긍정적인 변화를 촉진하기 위해 어떻게 적용될 수 있는지에 대한 인식을 개발한다.
- 학생들에게 추가 언어 사용을 통해 추가 학습, 업무 및 여가를 위한 기반을 제공한다.
- 호기심, 창의력 및 평생 언어 학습의 즐거움을 키운다.

〈심리학(Psychology) 커리큘럼 모델 개요〉

구성요소	권장교육시간	
	표준 SL	상위 HL
핵심 이해에 대한 생물학적 접근 행동 행동 이해에 대한 인지적 접근 행동 행동 이해에 대한 사회문화적 접근 행동	90	120
행동 연구에 대한 접근 방식	20	60
선택 비정상 심리학 발달 심리학 건강 심리학 인간 관계의 심리학	20	40
내부 평가 실험 연구	20	20
총 교육시간	150	240

⑩ **사회 및 문화 인류학 (Social and Cultural Anthropology)**

사회문화인류학은 문화와 인간 사회를 비교 연구하고 사회 및 문화 생활의 일반적인 원리를 탐구하는 학문이다. 이 과정은 문화적 가정을 명확하게 하는 비교 관점에 중점을 두고 전쟁과 분쟁, 환경, 빈곤, 불공정, 인권과 같은 현대의 문제를 이해하는 데 기여한다.

사회문화인류학은 참여자 관찰과 사회 집단에 대한 심층적이고 실증적인 연구라는 연구 전통에서 다른 사회과학과 차별화된다. 인류학적 탐구 영역은 소속감, 세계 분류, 의사소통, 표현 및 기술, 갈등, 발달, 건강, 질병 및 치유, 이동, 시간 및 공간, 생산, 교환 및 소비, 신체 등이다. 이러한 영역은 신념과 지식, 변화, 문화, 정체성, 물질성, 권력, 사회적 관계, 사회, 상징주의라는 주요 인류학적 개념을 통해 탐구한다.

이 과정은 학생들이 해당 학문의 개념, 방법, 언어 및 이론을 익히도록 한다. 그 중심에는 인류학자들의 실천과 민족지학적 자료를 만들어내는 통찰력에 있다. 진정한 인류학 실습을 통해 학생들은 인류학적 접근 방식을 접하고 비판적이고 반성적인 지식을 개발한다.

사회문화인류학 과정의 목표는 다음과 같다.

- 사회 및 문화 생활의 특징과 복잡성을 탐구한다.
- 지역, 지역 및 글로벌 프로세스 및 문제의 상호 연결성을 보여주는 세계에 대한 새로운 사고 방식을 개발한다.

- 문화적, 사회적 맥락이 인류학적 지식의 생산에 어떻게 영향을 미치는지에 대한 인식을 키운다.
- 개방적이고 성찰적이며 윤리적으로 민감한 비판적 사상가로 성장한다.
- 인류학적 이해를 적용하여 자신의 삶과 경험은 물론 타인의 삶과 경험을 반영하여 세상에서 자신의 행동을 변화시킨다.

〈사회 및 문화 인류학(Social and Cultural Anthropology) 커리큘럼 모델 개요〉

구성요소	권장교육시간	
	표준 SL	상위 HL
인류학과의 교류 인류학의 언어 인류학의 실제 인류학적 사고와 HL 확장 영역	30	45
민족지학에 참여하기 SL: 다음 세 그룹에서 각각 하나씩 선택함. HL: 다음 세 그룹에서 각각 하나씩 선택함 그룹 1 세계 분류하기 건강, 질병 및 치유 신체 그룹 2 소속감 커뮤니케이션, 표현 및 기술 움직임, 시간, 공간 그룹 3 갈등 개발 생산, 교환 및 소비	90	135

내부 평가 인류학적 실천에 참여 SL : 제한된 현장 조사(관찰, 2차 데이터 수집 및 비판적 성찰) HL : 현장 조사	30	60
총 교육시간	150	240

(4) 과학 (Sciences)

과학(Sciences) 과정은 생물학(Biology), 화학(Chemistry), 컴퓨터 과학(Computer Science), 디자인 기술(Design Technology), 환경 시스템 및 사회(Environmental Systems And Societies), 물리학(Physics), 스포츠, 운동 및 건강 과학(Sports, Exercise and Health Science)으로 구성된다.

① 생물학 (Biology)

생물학은 생명과 생명 시스템에 대한 연구이다. 생물학자들은 다양한 접근법과 기술, 통제된 실험, 과학자 간의 협력을 통해 세상을 이해하려고 한다. 인간 활동과 그것이 우리 주변 세계에 미치는 영향에 대한 전 세계적인 성찰의 시기에, 살아있는 세계에 대한 명확한 이해를 개발하고 전달하는 것이 오늘날 그 어느 때보다 중요해졌다.

생물학 공부를 통해 학생들은 생명계를 이해할 수 있는 능력을 갖추게 된다. 학생들이 개념적 틀을 탐구할 수 있는 기회를 제공함으로써 주변의 생명 세계에 대한 이해와 인식을 더 잘 발전시킬 수 있다. 이는 분자와 세포에서 생태계와 생물권에 이르기까지 다양한 수준의 생물학적 조직에서의 상호작용에 대한 연구를 통해 더욱 심화된다.

학생 경험에서 빼놓을 수 없는 것은 생물학 실험 과정에서 과학적 탐구를 통해 이루어지는 학습이다. 실험 작업에 중점을 두고 교사는 학생들에게 질문하고, 실험을 설계하고, 데이터를 수집 및 분석하고, 동료와 협력하고, 결과를 반영, 평가 및 전달할 수 있는 기회를 제공한다.

생물학 과정의 목표는 다음과 같다.

- 다양한 영역 간의 연결을 위한 개념적 이해를 개발하고, 다른 과학 과목과 연결할 수 있는 개념적 이해를 개발한다.
- 과학을 특징 짓는 지식, 방법, 도구 및 기술을 습득하고 적용한다.
- 과학 정보와 주장을 분석, 평가 및 종합하는 능력을 개발한다.
- 창의성과 탄력성을 가지고 접근하는 능력을 개발한다.
- 과학적 맥락에서 지역 및 글로벌 문제에 대한 해결책을 설계하고 모델링한다.
- 과학의 가능성과 한계에 대한 인식을 개발한다.
- 과학적 맥락에서 기술 능력을 개발한다.
- 효과적으로 의사소통하고 협력하는 능력을 개발한다.
- 과학의 윤리적, 환경적, 경제적, 문화적, 사회적 영향에 대한 인식을 개발한다.

〈생물학(Biology) 커리큘럼 모델 개요〉

구성요소	권장교육시간	
	표준 SL	상위 HL
통합과 다양성 물 핵산 세포의 기원 세포 구조 바이러스 유기체의 다양성 분류와 군집학 진화와 종 생물 다양성 보존	19	33
형태와 기능 탄수화물 및 지질 단백질 세포막 및 세포막 수송 세포 소기관 및 구획화 세포 전문화 가스 교환 수송 근육 및 운동성 환경에 대한 적응 생태적 틈새	26	39
상호 작용 및 상호 의존성 효소와 신진대사 세포 호흡 광합성 화학적 신호 신경 신호	31	48

신체 시스템 통합 질병에 대한 방어 인구 및 커뮤니티 에너지와 물질의 이동	31	48
연속성과 변화 DNA 복제 단백질 합성 돌연변이 및 유전자 편집 세포 및 핵 분열 유전자 발현 물 잠재력 생식 상속 항상성 자연 선택 지속 가능성 및 변화 기후 변화	34	60
실험 프로그램	40	60
실습	20	40
공동 과학 프로젝트	10	10
과학적 조사	10	10
총 교육시간	110	180

② 화학 (Chemistry)

 화학은 주로 미시적 수준에서 물질을 설명하는 데 도움이 되는 패턴을 파악하는 데 중점을 둔다. 이를 통해 거시적 수준에서 물질의 이동을 예측하고 제어할 수 있다. 이 과목에서는 창의적이면서도 합리적인 사고에 크게 의존하는 대표적인 모델과 설명 이론을 개발하는 것을 강조한다.

 화학을 통해 학생들은 시사적인 과학 이슈에 적극적으로 참여할 수 있다. 학생들은 실제 맥락에서 과학적 지식을 검토하며 흥미와 호기심을 키운다. 주제를 탐구함으로써 학생들은 학업과 그 이후에 적용할 수 있는 이해 및 기술을 개발한다. 화학 과정은 교실과 실험실에서 과학적 탐구를 통해 이루어지는 학습이다.

 화학 과정의 목표는 다음과 같다.

- 화학의 다른 영역과 타 과학 과목과 연결할 수 있는 개념적 이해를 개발한다.
- 과학을 특징 짓는 지식, 방법, 도구 및 기술을 습득하고 적용한다.
- 과학 정보와 주장을 분석, 평가 및 종합하는 능력을 개발한다.
- 창의성과 탄력성을 가지고 접근하는 능력을 개발한다.
- 과학적 맥락에서 지역 및 글로벌 문제에 대한 해결책을 설계하고 모델링한다.
- 과학의 가능성과 한계에 대한 인식을 개발한다.
- 과학적 맥락에서 기술 능력을 개발한다.
- 효과적으로 의사소통하고 협력하는 능력을 개발한다.
- 과학의 윤리적, 환경적, 경제적, 문화적, 사회적 영향에 대한 인식을 개발한다.

〈화학(Chemistry) 커리큘럼 모델 개요〉

구성요소	권장교육시간	
	표준 SL	상위 HL
구조 1. 물질의 미립자 특성 모델 구조 1.1-물질의 입자적 특성 소개 구조 1.2-핵 원자 구조 1.3-전자 구성 구조 1.4-질량으로 입자 수 세기 두더지 구조 1.5-이상 기체	17	21
구조 2. 결합과 구조의 모델 구조 2.1-이온 모델 구조 2.2-공유 결합 모델 구조 2.3-금속 모델 구조 2.4- 모델에서 재료로	20	30
구조 3. 물질의 분류 구조 3.1-주기율표: 원소 분류 구조 3.2-기능성 그룹: 유기 화합물	16	31
반응성 1. 화학 반응의 원동력은 무엇인가요? 반응성 1.1-엔탈피 변화 측정하기 반응성 1.2-반응의 에너지 주기 반응성 1.3-연료에서 나오는 에너지 반응성 1.4-엔트로피와 자발성(상위 수준 추가)	12	22
반응성 2. 화학적 변화의 양, 속도, 정도 반응성 2.1- 화학적 변화의 양 반응성 2.2- 화학적 변화의 속도 반응성 2.3- 화학적 변화의 정도	21	31

반응성 3. 화학적 변화의 메커니즘은 무엇인가? 반응성 3.1–양성자 이동 반응 반응성 3.2–전자 전달 반응 반응성 3.3–전자 공유 반응 반응성 3.4–전자 쌍 공유 반응	34	60
실험 프로그램	40	60
실습	20	40
공동 과학 프로젝트	10	10
과학적 조사	10	10
총 교육시간	110	180

③ **컴퓨터 과학 (Computer science)**

　컴퓨터 과학은 컴퓨터 및 기타 디지털 장치의 작동 방식에 대한 지식뿐만 아니라 컴퓨팅 사고의 기본 개념에 대한 이해가 필요하다. 개념적 사고에 기반한 이 과정은 광범위한 지식을 활용하며 혁신, 탐구 및 추가 지식 습득을 가능하게 한다. 학생들은 컴퓨터 과학이 문화, 사회, 개인과 사회의 행동 방식과 관련된 윤리적 문제와 어떻게 상호 작용하고 영향을 미치는지 공부한다.

　이 과정에서 학생들은 계산 솔루션을 개발하며, 여기에는 다음과 같은 능력이 포함된다.

- 문제 또는 답이 없는 질문의 식별
- 제안된 솔루션의 설계, 프로토타입 제작 및 테스트
- 고객 접촉을 통해 제안된 솔루션의 성공 여부를 평가하고 향후 개발을 위한 권장 사항 제시

컴퓨터 과학 과정의 목표는 다음과 같다.

- 학생들이 독립적이고 평생 학습에 필요한 기술을 개발하도록 자극하고 도전할 수 있는 글로벌 맥락에서 학습과 창의성을 위한 기회를 제공한다.
- 컴퓨터 과학을 특징 짓는 지식, 방법 및 기술을 제공한다.
- 학생들이 컴퓨터 과학을 특징 짓는 지식, 방법 및 기술을 적용하고 사용할 수 있도록 한다.
- 복잡한 문제를 식별하고 해결하기 위해 사고 기술을 비판적으로 적용하는 주도권을 보여준다.
- 복잡한 문제를 해결하는데 효과적인 협업 및 의사소통의 필요성과 그 가치에 대한 인식을 심어준다.
- 논리적이고 비판적인 사고와 실험, 조사 및 문제 해결 능력을 개발한다.
- 컴퓨터 과학 연구에서 학생들의 정보 및 통신 기술 기술을 개발하고 적용하여 자신감 있고 효과적으로 정보를 전달한다.
- 과학 기술 사용의 도덕적, 윤리적, 사회적, 경제적 및 환경적 영향에 대한 인식을 높인다.
- IT 시스템 및 컴퓨터 과학의 지속적인 발전과 관련된 가능성과 한계에 대한 인식을 개발한다.

- 과학 분야 간의 관계와 과학적 방법의 중요한 본질에 대한 이해를 장려한다.

〈컴퓨터 과학(Computer Science) 일반레벨(SL) 커리큘럼 모델 개요〉

구성요소	권장교육시간
핵심 강의 계획서 콘텐츠 : SL/HL 핵심 (일부 실습을 포함하여 공부해야 하는 주제 및 실습을 포함하여 학습해야 하는 주제는 다음과 같음) 주제 1: 시스템 기초 주제 2: 컴퓨터 구성 주제 3: 네트워크 주제 4: 컴퓨팅 사고 문제 해결 및 프로그래밍	80
선택 : SL/HL 코어	30
규정된 텍스트 (학생들은 'IB 규정 철학적 텍스트 목록'에서 한 가지 텍스트를 공부해야 함)	40
내부 평가 솔루션 : 제품 개발을 통한 실질적인 기술 적용 제품 개발 및 관련 문서	30
그룹 4 프로젝트	10

〈컴퓨터 과학(Computer Science) 상위레벨(HL) 커리큘럼 모델 개요〉

구성요소	권장교육시간
핵심 강의 계획서 콘텐츠 : SL/HL 핵심 주제 1: 시스템 기본 사항 주제 2: 컴퓨터 구성 주제 3: 네트워크 주제 4: 컴퓨팅 사고 문제 해결 및 프로그래밍	80
HL 확장 - 주제 5: 추상 데이터 구조 - 주제 6: 리소스 관리 - 주제 7: 제어	45
사례 연구 매년 발행되는 사례 연구에서 소개하는 추가 주제 내용	30
선택	
SL/HL 코어	30
HL 확장 학생들은 다음 선택 중 하나를 학습함 선택 A : 데이터베이스 선택 B : 모델링 및 시뮬레이션 선택 C : 웹 과학 선택 D : 객체 지향 프로그래밍(OOP)	15
내부 평가 솔루션 : 제품 개발을 통한 실질적인 기술 적용 제품 개발 및 관련 문서	30
그룹 4 프로젝트	10

④ **디자인 기술 (Design Technology)**

 디자인 기술 과정은 디자인과 기술 세계에 대한 이해를 높여 지구를 함께 보호하고 더 나은 세상을 만들 수 있는 국제적 감각을 갖춘 인재를 양성하는 것을 목표로 한다.

 디자인 기술은 탐구와 문제 해결이 핵심이며, 문제의 탐구와 분석, 실현 가능한 솔루션의 개발, 솔루션의 테스트 및 평가를 구조화하는 데 사용되는 방법론을 제공하는 디자인 사이클을 도구로 사용해야 한다. 솔루션은 학생들이 독립적으로 개발한 모델, 프로토타입, 제품 또는 시스템으로 정의할 수 있다.

 디자인 기술은 학생들이 실제 상황에서 적용할 수 있는 비판적 사고와 디자인 기술을 개발할 수 있도록 함으로써 높은 수준의 디자인 리터러시를 달성할 수 있도록 한다. 디자인은 다양한 형태를 취할 수 있지만, 윤리적 프레임워크 내에서 지식을 선택적으로 적용하는 것이 포함한다.

디자인 기술 과정의 목표는 다음과 같다.

- 주변의 기술 세계에 대한 탐구를 통해 독립적이고 평생 학습 및 행동에 필요한 기술을 습득하는 호기심을 개발한다.
- 디자인과 기술에 대한 심층적인 지식과 이해를 습득하기 위해 개인적, 지역적 및 세계적 중요성을 지닌 개념, 아이디어 및 문제를 탐구하는 능력을 개발한다.

- 합리적인 윤리적 의사 결정을 통해 복잡한 사회 및 기술 문제를 식별하고 해결하기 위해 비판적이고 창의적으로 사고 기술을 적용하는 주도성을 개발한다.
- 타인과의 협업을 통해 다양한 커뮤니케이션 기법을 사용하여 자신감 있고 창의적으로 아이디어를 이해하고 표현하는 능력을 개발한다.
- 정직하게 행동하고 문제에 대한 기술적 해결책을 설계할 때 자신의 행동에 책임을 지려는 성향을 개발한다.
- 글로벌 기술 개발 측면에서 다양한 관점을 추구하고 평가하는 문화에 대한 이해와 인식을 개발한다.
- 정보에 입각한 방식으로 낯선 상황에 접근하고 새로운 역할, 아이디어 및 전략을 탐색하여 제안을 자신 있게 표현하고 방어하려는 의지를 개발한다.
- 지적, 신체적, 정서적 균형을 촉진하고 개인적, 사회적 복지를 달성하는 데 디자인과 기술이 기여하는 바에 대해 이해한다.
- 타인의 삶과 환경에 긍정적인 변화를 가져오기 위해 타인의 필요와 감정에 대한 공감, 연민 및 존중을 개발한다.
- 자신의 학습을 발전시키고 기술 문제에 대한 해결책을 향상시키기 위해 디자인과 기술이 사회와 환경에 미치는 영향을 성찰할 수 있는 기술을 개발한다.

〈디자인 기술(Design Technology) 커리큘럼 모델 개요〉

구성요소	권장교육시간
핵심 1. 인적 요소와 인체공학 2. 자원 관리 및 지속 가능한 생산 3. 모델링 4. 원자재에서 최종 제품까지 5. 혁신과 디자인 6. 클래식한 디자인	90
추가 상위 레벨(AHL) 7. 사용자 중심 디자인(UCD) 8. 지속 가능성 9. 혁신과 시장 10. 상업적 생산	54
실무 작업 디자인 프로젝트 그룹 4 프로젝트 교사 주도 활동	96

⑤ **환경 시스템 및 사회 (Environmental Systems And Societies)**

환경 시스템과 사회 과정은 개인과 사회를 모두 아우르는 학제적 과정이며 일반레벨(SL)과 상위레벨(HL)로 제공된다. 본 과정은 과학과 개인 및 사회와 관련된 방법론, 기술 및 지식의 혼합을 결합하며, 과학과 개인 및 사회와 관련된 방법론, 기술 및 지식이 혼합되어 있다.

환경 시스템과 사회 과정은 환경 문제 등과 같은 21세기의 도전 과제에 학생들을 참여시키는 복잡하면서도 현대적인 과정이다. 학생들은 다양한 분야의 다양한 기술과 지식을 개발해야 한다. 학생들은 환경 시스템에 대한 탐구를 통해 과학적 접근 방식을 개발한다. 또한 사회, 문화, 경제, 정치, 윤리적 맥락에서 지속가능성 문제를 연구하면서 개인과 사회에 대한 이해와 방법을 습득한다.

이 과정의 학제적 특성으로 인해 학생들은 다양한 주제를 종합적으로 이해하게 되며, 연구와 조사를 수행하고 지역적 수준에서 글로벌 수준에 이르기까지 관련된 문제에 대한 철학적, 윤리적, 실용적 토론에 참여할 수 있는 능력을 강조한다.

환경 시스템과 사회 과정의 목표는 다음과 같다.

- 지속가능성 문제를 해결하기 위한 다양한 관점에 대한 지식을 개발한다.
- 비판적 사고를 사용하여 환경 문제를 둘러싼 긴장에 참여하고 평가한다.
- 환경 문제 탐구를 위한 전체적인 렌즈를 제공하는 시스템 접근 방식을 개발한다.
- 지역 및 글로벌 맥락에서 환경 문제에 참여하도록 영감을 얻는다.

〈환경 시스템 및 사회(ESS) 커리큘럼 모델 개요〉

구성요소	권장교육시간	
	표준 SL	상위 HL
주제 1 : 기초 1.1 관점 1.2 시스템 1.3 지속 가능성	16	16
주제 2 생태학 주제 3 생물다양성과 보존 주제 4 물 주제 5 토지 주제 6 대기와 기후 변화 주제 7 천연 자원 주제 8 인구와 도시 시스템	84	157
상위 레벨(HL) HL.a 환경법 HL.b 환경 및 생태 경제학 HL.c 환경 윤리	-	17
실험 프로그램 실습 공동 과학 프로젝트 과학적 조사	50	50
총 교육시간	150	240

⑥ **물리학 (Physics)**

물리학은 원자의 성질, 우주 구조의 패턴 찾기 등 자연 세계를 이해하려는 시도와 관련이 있다. 우주가 어떻게 폭발하여 생명체가 탄생했는지

부터 시간의 본질에 이르기까지 그 해답을 찾는 것이다.

  물리학에서 관측은 중요하며, 관측을 이해하기 위해 물리학의 모델이 개발되고, 모델 자체가 관측을 설명하는 이론이 될 수 있다. 물리학은 자연 세계를 더 잘 이해하는 데 도움이 될 뿐만 아니라 환경을 변화시킬 수 있는 능력을 제공한다. 학생들은 실제 맥락에서 과학적 지식의 주장을 검토하면서 흥미와 호기심을 키우며, 주제를 탐구함으로써 학생들은 학업과 그 이후에 적용할 수 있는 이해 및 기술을 개발한다.

  물리학 과정의 목표는 다음과 같다.

- 물리학의 다른 영역 및 타 과학 과목과 연결할 수 있는 개념적 이해를 개발한다.
- 과학을 특징 짓는 지식, 방법, 도구 및 기술을 습득하고 적용한다.
- 과학 정보와 주장을 분석, 평가 및 종합하는 능력을 개발한다.
- 창의성과 탄력성을 가지고 접근하는 능력을 개발한다.
- 과학적 맥락에서 지역 및 글로벌 문제에 대한 해결책을 설계하고 모델링한다.
- 과학의 가능성과 한계에 대한 인식을 개발한다.
- 과학적 맥락에서 기술을 개발한다.

⟨물리학(Physics) 커리큘럼 모델 개요⟩

구성요소	권장교육시간	
	표준 SL	상위 HL
A 공간, 시간, 동작 A.1 운동학 A.2 힘과 운동량 A.3 일, 에너지 및 힘 A.4 강체 역학 A.5 갈릴레이와 특수 상대성 이론	27	42
B. 물질의 미립자 특성 B.1 열 에너지 전달 B.2 온실 효과 B.3 기체 법칙 B.4 열역학 B.5 전류와 회로	24	32
C. 파동의 거동 C.1 단순 고조파 운동 C.2 파동 모델 C.3 파동 현상 C.4 정재파와 공명 C.5 도플러 효과	17	29
D. 장(場) D.1 중력장 D.2 전기장 및 자기장 D.3 전자기장에서의 운동 D.4 유도	19	38

E. 핵 및 양자 물리학 E.1 원자의 구조 E.2 양자 물리학 E.3 방사성 붕괴 E.4 핵분열 E.5 핵융합과 별	23	39
실험 프로그램 실용적인 작업 공동 과학 프로젝트 과학적 조사	40	60

⑦ **스포츠, 운동 및 건강 과학 (Sports, Exercise And Health Science)**

스포츠, 운동 및 건강 과학(SEHS) 과정은 주로 인간의 생리학, 생체 역학 및 심리학에 대한 과학적 연구와 관련이 있다. 이 분야에서 일하는 과학자들은 다양한 접근 방식과 기술, 통제된 실험, 다른 연구자들과의 협력을 통해 인간의 신체적, 정신적 건강과 수행 능력을 이해하려고 노력한다.

본 과정을 통해 학생들은 화제의 과학적 이슈에 적극적으로 참여할 수 있다. 학생들은 실제 맥락에서 과학적 지식의 주장을 검토하여 흥미와 호기심을 키운다. 주제를 탐구함으로써 학생들은 학업과 그 이후에 적용할 수 있는 이해, 기술 및 기법을 개발한다. 이 과정은 인체의 운동 생리와 영양, 생체 역학, 스포츠 심리학 및 운동 학습이라는 세 가지 주요 테마로 구성된다.

스포츠, 운동 및 건강 과학 과정의 목표는 다음과 같다.

- 스포츠, 운동 및 건강 과학의 다른 영역 및 타 과학 과목과 연결할 수 있는 개념적 이해를 개발한다.
- 과학을 특징 짓는 지식, 방법, 도구 및 기술을 습득하고 적용한다.
- 과학 정보와 주장을 분석, 평가 및 종합하는 능력을 개발한다.
- 창의성과 탄력성을 가지고 접근하는 능력 개발한다.
- 과학적 맥락에서 지역 및 글로벌 문제에 대한 해결책을 설계하고 모델링한다.
- 과학의 가능성과 한계에 대한 인식을 개발한다.
- 과학적 맥락에서 기술 능력을 개발한다.
- 효과적으로 의사 소통하고 협력하는 능력을 개발한다.
- 과학의 윤리적, 환경적, 경제적, 문화적, 사회적 영향에 대한 인식을 개발한다.

〈스포츠, 운동 및 건강 과학(SEHS) 커리큘럼 모델 개요〉

구성요소	권장교육시간	
	표준 SL	상위 HL
A. 인체의 운동 생리와 영양 A.1 의사소통 A.2 수분과 영양 A.3 반응	47	69
B. 생체 역학 B.1 신체의 움직임 생성 B.2 힘, 동작 및 움직임 B.3 부상	30	57

C. 스포츠 심리학과 운동 학습 C.1 개인적 차이 C.2 운동 학습 C.3 동기 부여 C.4 스트레스와 대처 C.5 심리적 기술	33	54
실험 프로그램 실습 공동 과학 프로젝트 과학적 조사	40	60
총 교육시간	150	240

(5) 수학(Mathematics)

수학(Mathematics) 과정은 분석 및 접근법(Analysis And Approaches), 응용 및 해석(Applications And Interpretation)으로 구성된다.

학생 개개인의 필요, 열망, 관심사, 능력은 모두 다르며, 이러한 이유로 수학에는 '분석 및 접근 방식'과 '응용 및 해석'이라는 두 가지 다른 DP 과목이 있다. 각 과정은 특정 학생 그룹의 요구를 충족하도록 설계되었으며, 두 과목 모두 SL과 HL에서 제공된다.

① 분석 및 접근법 (Analysis and Approaches)

분석 및 접근법 과정은 수학에 대한 깊은 이해에 점점 더 의존하는 세상에서 분석적 전문 지식의 필요성을 인식하고 있다. 이 과정은 중요한 수학적 개념을 이해하기 쉽고 일관성 있고 엄격한 방식으로 중요한 수학적 개념을 개발하는 데 중점을 둔다.

학생들은 추상적인 문제뿐만 아니라 다양한 의미 있는 맥락에서 설정된 문제를 해결하기 위해 수학적 지식을 적용하도록 권장한다. 분석 및 접근법에서는 올바른 수학적 논증을 구성하고, 전달하며, 정당화하는 능력을 강조한다. 학생들은 수학적 형식과 구조에 대한 통찰력을 기르고, 다양한 주제 영역에서 개념 간의 연관성을 이해할 수 있는 지적인 능력을 갖추어야 하며, 다른 학습 환경에서도 수학적 성장을 지속하는 데 필요한 기술을 개발하도록 권장한다.

② **응용 및 해석 (Applications and Interpretation)**
빅데이터 시대에 수학과 기술이 다양한 분야에서 수행하는 역할이 점점 더 커지고 있다. 응용 및 해석 과정은 응용 또는 수학적 모델링에 자주 사용되는 주제에 중점을 두어 수학의 의미를 강조한다. 이러한 이해의 기초를 다지기 위해 이 과정에는 미적분과 통계와 같이 전통적으로 대학 수학 예비 과정에 포함되는 주제가 포함되어 있다.

학생들은 실제 문제를 해결하고, 이를 수학적으로 구성하고 소통하며 해결하고 결론이나 일반화를 해석하도록 권장한다. 학생들은 강력한 기술 능력을 개발해야 하며, 수학의 이론적 개념과 실제 개념 사이의 연관성을 이해할 수 있는 지적인 능력을 갖추어야 한다.

모든 외부 평가에는 기술 사용이 포함되며, 학생들은 다른 학습 환경에서도 수학적 성장을 지속하는 데 필요한 기술을 개발하도록 권장한다. 내부적으로 평가되는 탐구를 통해 학생들은 수학 학습에서 독립성을 개발할 수 있다. 과정 전반에 걸쳐 학생들은 다양한 수학적 활동에 대해 사려 깊은 접근 방식을 취하고 다양한 수학적 아이디어를 탐구하도록 권장한다.

본 수학 과정(분석 및 접근법(Analysis and Approaches) 및 응용 및 해석(Applications and Interpretation)을 포함)의 목표는 다음과 같다.

- 수학에 대한 호기심과 즐거움을 키우고 수학의 매력과 힘을 이해한다.
- 수학의 개념, 원리 및 본질을 이해한다.
- 다양한 상황에서 명확하고 간결하며 자신감 있게 수학을 전달할 수 있다.
- 논리적이고 창의적인 사고, 문제 해결에 대한 인내심과 끈기를 개발하여 수학 사용에 대한 자신감을 심어준다.
- 추상화 및 일반화 능력을 사용하고 개선한다.
- 다른 상황 및 지식 영역, 지역 및 글로벌 커뮤니티의 미래 발전에 기술을 적용하고 이전하기 위한 태도를 이른다.
- 기술과 수학의 발전이 서로에게 어떤 영향을 미치는지 이해한다.
- 수학자의 연구와 수학의 응용에서 발생하는 도덕적, 사회적, 윤리적 질문을 인식한다.
- 수학의 보편성과 수학의 다문화적, 국제적, 역사적 관점을 이해한다.

- 다른 학문에 대한 수학의 기여와 ToK 과정의 특정 '지식 영역'으로서의 수학의 기여를 이해한다.
- 자신의 작업과 다른 사람의 작업에 대해 비판적으로 반성하는 능력을 개발한다.
- 독립적이고 협력적으로 수학에 대한 이해를 확장한다.

〈수학(Mathematics) 커리큘럼 모델 개요〉

구성요소	권장교육시간	
	표준 SL	상위 HL
수와 대수 함수 기하학 및 삼각함수 통계 및 확률 미적분	120	210
조사, 문제 해결, 모델링 기술 개발 및 수학 영역의 탐구 수학 영역	30	30
총 교육시간	150	240

* 위 커리큘럼 모델은 분석 및 접근법(Analysis and approaches) 및 응용 및 해석(Applications and interpretation)에 모두 적용됨.

(6) 예술 (Arts)

예술(Arts) 과정은 댄스(Dance), 영화(Film), 음악(Music), 연극(Theatre), 시각 예술(Visual Arts)로 구성된다.

① 댄스 (Dance)

 댄스 과정은 댄스에 대한 총체적인 접근 방식으로 과거, 현재, 미래를 바라보는 다양한 댄스 전통과 문화를 포함한다. 학생들이 논문을 쓰거나 춤을 창작 및 공연할 때 창의력, 분석 능력 등이 상호 개발되고 중요하게 평가된다. 댄스 커리큘럼은 학생들에게 댄스에 대한 인문학 오리엔테이션을 제공한다. 이 오리엔테이션은 안무가, 댄스 관련 학자, 공연자 또는 더 넓게는 댄스을 통해 삶의 풍요로움을 추구하는 학생의 발전을 촉진한다.

 댄스 과정의 목표는 다음과 같다.

- 댄스를 자신의 역사와 이론을 가진 일련의 관행으로 이해하고 이러한 관행이 신체적, 지적, 정서적 지식을 통합한다는 것을 이해한다.
- 신체 움직임의 표현 가능성에 대한 개인적 및 집단적 탐구로서 댄스를 경험한다.
- 친숙하고 낯선 다양한 댄스 스타일, 전통 및 문화의 숙달을 이해한다.
- 학교 환경, 사회 및 세계 전반의 다양한 전통과 문화를 인식하고 춤을 통해 의사소통을 창출한다.

〈댄스(Dance) 커리큘럼 모델 개요〉

구성요소	권장교육시간	
	표준 SL	상위 HL
구성 및 분석 (춤 제작의 창의적 측면 개발) 독창적인 작품 작곡	60	90
세계 무용 연구 (여러 문화 및 전통의 여러 춤 스타일에 대한 비교 지식을 개발함) 춤을 탐구하고, 신체적 이해와 이론적 이해를 이론적 이해 개별 조사	30	60
공연 (무용 공연에 대한 이해와 시설 개발) 무용수의 공연에 적합한 움직임 기술 작품에 적합한 공간, 시간, 역학 및 움직임의 특성과의 관계에 대한 명확성 다른 출연자 및 관객과의 관계에서 의사소통 표현력	60	-
총 교육시간	150	150

② **영화 (Film)**

영화 과정은 학생들을 영화 텍스트의 능숙한 해석자이자 제작자로 양성하는 것을 목표로 한다. 영화 텍스트의 연구와 분석, 영화 제작 실습 등을 통해 영화의 예술적, 문화적, 역사적, 세계적 관점에 대한 비판적 능력과 감상을 개발한다.

학생들은 다양한 관점에서 개념, 이론, 관행 및 아이디어를 검토하고 자신의 관점 및 타인의 관점에서 영화를 이해한다. 학생들은 영화와 멀티미디어 기술을 실험하며 매체의 언어를 통해 성공적으로 소통하는 데 필요한 기술과 창의적인 역량을 습득한다. 예술적 목소리를 개발하고 영화를 통해 개인적인 관점을 표현하는 방법을 배운다. 특히 이 과정은 협업의 중요성, 국제 및 문화 간 역학 관계, 시대와 문화에 따른 영화의 발전에 대한 이해를 강조한다.

영화 과정의 목표는 다음과 같다.

- **탐구(Inquiry)** : 영화의 다양한 맥락을 탐구하고 영화, 영화 제작자 및 영화 제작 기법을 상호 연결한다.
- **행동(Action)** : 영화의 안목 있는 해석자 및 영화 제작자로서 기술을 습득하고 적용하여 개별적 혹은 공동으로 작업한다.
- **성찰(Reflection)** : 자신과 타인의 영화에 대한 평가 및 비판적 관점을 개발한다.

⟨영화(Film) 커리큘럼 모델 개요⟩

구성요소	권장교육시간	
	표준 SL	상위 HL
영화 읽기	45	45
영화 맥락화하기	45	45
영화 제작 역할 탐구	60	60
HL 전용: 공동 영화 제작	–	90
총 교육시간	150	240

③ **음악 (Music)**

음악 과정은 21세기 글로벌 음악 문화와 산업이 급변하는 세계에 대비할 수 있도록 설계되었다. 이 과정은 음악 공부와 관련된 지식, 기술 및 과정을 기반으로 하며 다양한 음악적 형식, 관행 및 맥락에 대한 실용적이고 정보에 입각한 목적 의식적인 탐구를 통해 학생들의 창의성을 강화하는 접근 방식을 제공한다. 이 과정은 또한 모든 과정 구성 요소에서 연주자, 창작자 및 연구자의 역할을 동등하게 중요시하여 학습에 대한 총체적인 접근 방식을 보장한다.

음악 과정의 목표는 다음과 같다.

- 다양한 음악적 맥락을 탐구하고 음악적 관행, 관습 및 표현 형식을 서로 연결한다.

- 개별적으로 또는 다른 사람들과 협력하여 다양한 음악적 관행, 관습 및 표현 형식을 통해 음악적 역량을 습득, 개발 및 실험한다.
- 자신의 음악과 타인의 작품에 대한 비판적 관점을 평가하고 개발한다.

〈음악(Music) 커리큘럼 모델 개요〉

구성요소	권장교육시간	
	표준 SL	상위 HL
맥락에서 음악 탐색하기	45	45
음악으로 실험하기	45	45
음악 발표하기	60	60
HL 전용: 현대 음악 제작자	-	90
총 교육시간	150	240

④ **연극 (Theatre)**

연극 과정은 다각적인 연극 제작 과정이며, 학생들에게 창작자, 디자이너, 연출가, 공연자로서 연극을 만들 수 있는 기회를 제공한다. 이 과정은 개별적 혹은 단체의 일부로서 작업하는 것의 중요성을 강조한다. 특히 연극을 통해 탐구, 개발, 발표 및 평가의 창의적인 과정에 적극적으로 참여한다.

학생들은 호기심 많고 상상력이 풍부한 예술가로서 아이디어를 행동으로 옮기고 이를 연극을 통해 청중에게 전달한다. 또한 연구와 이론을 적용하여 자신의 작품에 정보를 제공하고 맥락을 파악하는 방법을 배운다. 연극의 실제적이고 신체적인 참여를 통해 제작 과정을 경험한다. 연극 과정은 학생들이 연극을 연구하고, 창작하고, 준비하고, 발표하고, 비판적으로 성찰하는 과정을 통해 참여자이자 관객으로서 자신과 커뮤니티, 세계를 더 풍부하게 이해할 수 있다는 점을 인식하도록 장려한다.

연극 과정의 목표는 다음과 같다.

- 시간, 문화 및 맥락에 걸쳐 예술의 다양성을 탐구한다.
- 상상력이 풍부하고 숙련된 창작자 및 협력자로 성장한다.
- 예술 분야에 적합한 형태로 창의적이고 유능하게 아이디어를 표현한다.
- 예술을 창조하고 경험하는 과정을 비판적으로 성찰한다.
- 정보에 입각하고 지각력 있고 분석적인 실무자로 발전한다.
- 예술에 대한 평생의 참여를 즐긴다. 또한 SL과 HL의 연극 과정의 목표는 학생들이 다음을 수행할 수 있도록 하는 것이다.
- 연극과 그 맥락에 대해 탐구한다.
- 의도에 따라 연극 공연 및 제작 기술과 요소를 개발하고 실제적으로 적용한다.
- 독립적으로 그리고 협력 적으로 연극 작품을 만들고, 발표하고, 평가한다.
- 국제적인 마인드를 가진 연극 제작자의 관점과 의도를 습득한다.
- 이론과 공연 사이의 관계를 이해하고, 감상하고, 탐구한다(HL에만 해당).

〈연극(Theatre) 커리큘럼 모델 개요〉

구성요소	권장교육시간	
	표준 SL	상위 HL
연극 텍스트 준비하기	45	45
세계 연극의 전통 탐구하기	45	45
협업으로 창작 연극 만들기	60	60
HL 전용: 공연 연극 이론	-	90
총 교육시간	150	240

⑤ **시각 예술 (Visual Arts)**

시각 예술 과정은 학생들이 자신의 창의적이고 문화적인 기대와 한계에 도전하도록 장려한다. 이 과정은 학생들이 문제 해결과 발산적 사고에 대한 분석적 기술을 개발하는 동시에 예술가로서의 기술적 숙련도와 자신감을 키울 수 있는 생각을 자극하는 과정이다.

다양한 관점과 맥락에서 시각 예술을 탐구하고 비교하는 것 외에도 학생들은 다양한 현대적 관행과 미디어에 참여하고 실험하며 비판적으로 성찰해야 한다. 이 과정은 고등 교육에서 시각 예술을 공부하고자 하는 학생과 시각 예술을 통해 평생을 풍요롭게 하고자 하는 학생들을 위해 설계되었다.

시각 예술 과정의 목표는 다음과 같다.

- 평생 예술에 대한 참여를 즐긴다.
- 예술 분야에서 정보에 입각하고 성찰적이며 비판적인 실무자가 된다.
- 예술의 역동적이고 변화하는 본질을 이해한다.
- 시간, 장소 및 문화 전반에 걸쳐 예술의 다양성을 탐구하고 소중히 여긴다.
- 자신감과 능력으로 아이디어를 표현한다.
- 지각 및 분석 기술을 개발한다.
- 개인 및 문화적 맥락의 영향을 받는 예술 작품을 만든다.
- 시각 문화와 미디어에 대한 정보에 입각한 비판적 관찰자 및 제작자가 된다.
- 개념과 아이디어를 전달하기 위한 기술, 기법 및 프로세스를 개발한다.

〈시각 예술(Visual Arts) 커리큘럼 모델 개요〉

구성요소	권장교육시간	
	표준 SL	상위 HL
맥락에 맞는 시각 예술	50	80
시각 예술 방법	50	80
시각 예술 커뮤니케이션	50	80
총 교육시간	150	240

3. DP 평가와 시험

1) DP 평가 개요

국제 바칼로레아(IB)는 디플로마 프로그램(DP) 과정의 명시된 목표에 대한 성취의 직접적인 증거로서 학생의 과제를 평가한다. DP 평가 절차는 학생이 이러한 목표를 달성하는 데 있어 고급 학업 기술을 습득한 정도를 측정하며,
예를 들면 다음과 같다.

- 정보 분석 및 제시(Analyzing and Presenting Information)
- 논증 평가 및 구성(Evaluating and Constructing Arguments)
- 창의적으로 문제 해결(Solving Problems Creatively)

다음과 같은 기본 기술도 평가한다.

- 지식 유지(Retaining Knowledge)
- 핵심 개념 이해(Understanding Key Concepts)
- 표준 방법 적용(Applying Standard Methods)

DP 평가는 학업 능력 외에도 적절한 경우 국제적 안목과 문화 간 기술을 장려한다. 학생의 결과는 전체 순위에서 각 학생의 위치가 아니라 정해진 기준에 대한 성과에 따라 결정된다.

2) 내부 평가와 외부 평가

IB는 DP에서 내부 평가(Internal Assessment)와 외부 평가(External Assessment)를 모두 사용한다.

(1) 내부 평가(Internal Assessment)

대부분 과정에서는 교사 평가도 사용되며, 여기에는 다음이 포함된다.

- 언어 구두 과제(Oral Work in Languages)
- 지리학의 현장 학습(Fieldwork in Geography)
- 과학 분야의 실험실 작업(Laboratory Work in The Sciences)
- 수학 조사(Investigations in Mathematics)
- 예술 공연(Artistic Performances)

(2) 외부 평가(External Assessment)

시험은 대부분의 과정에서 평가의 기초를 형성하며, 이는 객관성과 신뢰성이 높기 때문이다. 여기에는 다음이 포함된다.[11]

- 에세이(Essays)
- 구조화된 문제(Structured Problems)
- 단답형 문제(Short-Response Questions)

---

11 객관식 문제(Multiple-Choice Questions)도 있으나 IB의 Pd에서는 거의 사용되지 않음(Though These Are Rarely Used). 여기서는 제외함.

- 데이터 응답 문제(Data-Response Questions)
- 텍스트 응답 문제(Text-Response Questions)
- 사례 연구 문제(Case-Study Questions)

3) DP 핵심 과목 평가

IB의 DP는 내부 및 외부 평가 요소를 모두 사용하여 학생의 성과를 평가하며, 대부분 과정에서는 DP가 끝날 때 필기 시험이 평가의 기초를 형성한다. 이는 이러한 시험이 높은 수준의 객관성과 신뢰성을 가지고 있기 때문이다.

인증된 교사의 감독 하에 학생들이 장기간에 걸쳐 완료하는 외부 평가 코스워크는 지식 이론(Theory Of Knowledge, Tok) 에세이 및 확장 에세이(Extended Essay, Ee)를 비롯한 여러 프로그램 영역의 평가의 일부를 구성한다. 대부분의 과목에서 학생들은 학교 내 평가 과제도 수행한다. 이러한 과제는 외부에서 평가하거나 교사가 채점한 후 IB에서 조정한다.

DP에서 학생은 7에서 1까지의 성적을 받게 되며, 7이 가장 높다. 학생은 시도한 각 DP 코스에 대해 성적을 받는다. 학생의 최종 디플로마 결과 점수는 각 과목의 점수를 합산하여 구성되며, 디플로마는 DP 핵심의 세 가지 필수 요소를 성공적으로 완료하는 등 특정 최소 수준의 성과에 따라 24점 이상을 획득한 학생에게 수여된다.

DP의 핵심 과목인 지식 이론(ToK) 및 확장 에세이(EE) 구성 요소는 개별 성적이 부여되며, 총합하여 전체 디플로마 점수에 최대 3점까지 추가 점수를 부여할 수 있다. DP 핵심의 나머지 요소인 창의성, 활동, 봉사(Creativity, Activity, Service, CAS)는 총점에는 기여하지 않지만 인증된 참여는 디플로마 수여를 위한 필수 요건이다.

4) DP의 6개 주요 과정 및 세부 과목 평가

DP의 6개 주요 과목은 언어와 문학 연구(Studies in Language And Literature), 언어 습득(Language Acquisition), 개인과 사회(Individuals And Societies), 과학(Sciences), 수학(Mathematics), 예술(Arts)로 구성된다. DP의 6개 주요 과정 및 세부 과목 평가는 주요 6개 과정 중 대표적인 과목 몇 개를 중심으로 설명하고자 한다.

(1) 언어와 문학 연구(Studies In Language And Literature) 평가

언어와 문학 연구(Studies in Language and Literature) 과정은 언어A : 문학(Language A: Literature), 언어A : 언어와 문학(Language A: Language and Literature), 문학과 공연(Literature and Performance)으로 구성된다. 여기에서는 언어A : 언어와 문학(Language A: Language and Literature)에 대한 평가를 중심으로 설명하고자 한다.

언어A : 언어와 문학(Language A: Language and Literature)의 평가 모델은 다음과 같다.

알고, 이해하고, 해석하기 (Know, Understand and Interpret)

- 다양한 텍스트, 작품 및/또는 공연, 그리고 그 의미 및 시사점
- 텍스트가 쓰여지거나 받아들여지는 맥락
- 문학, 문체, 수사학, 시각 및/또는 공연의 요소 공예
- 특정 텍스트 유형 및 문학적 형식의 특징

분석 및 평가 (Analyse and Evaluate)

- 언어 사용이 의미를 창출하는 방식
- 문학적, 문체적, 수사적, 시각적 또는 연극적 기법의 사용과 효과
- 서로 다른 텍스트 간의 관계
- 텍스트가 인간의 관심사에 대한 관점을 제시하는 방식

의사소통 (Communicate)

- 명확하고 논리적이며 설득력 있는 방식으로 아이디어 전달
- 다양한 스타일, 레지스터 및 다양한 목적과 상황에 맞는 방식
- (문학 및 퍼포먼스에만 해당) 아이디어, 감정, 성격 및 분위기를 퍼포먼스를 통해 표현

〈언어A : 언어와 문학 한눈에 보는 평가 Assessment at a Glance〉

평가 유형	평가 형식	시간		최종성적 가중치	
		SL	HL	SL	HL
외부평가		3	4	70	90
논문 1: 안내된 텍스트 분석	다양한 텍스트 유형에서 비학습 비문학적 구절 및 구절에 대한 가이드 분석	1.25	2.25	35	35
논문 2: 비교 에세이	네 가지 질문 중 하나를 선택하여 두 문학 작품을 바탕으로 한 비교 에세이 작성	1.75	1.75	35	35
HL 에세이	필기 코스워크 구성 요소: 1,200-1,500 단어 에세이 하나에 대한 문학 작품 또는 비문학 작품에 대한 연구한 작품.	-	-	-	20
내부평가		-	-	30	20
개인별 구두평가	학습한 문학 작품 1편과 비문학 작품 1편이 공통 글로벌 이슈 접근하는 방식에 대해 구두로 답변하기	-	-	30	20

(2) 언어 습득(Language Acquisition) 평가

언어 습득(Language Acquisition) 과정은 고전언어(Classical Languages), 언어 기초(Language Ab Initio), 언어B(Language B)로 구성된다. 여기에서는 고전언어(Classical Languages)에 대한 평가를 중심으로 설명하고자 한다.

고전언어(Classical Languages)의 평가 모델은 다음과 같다.

- 고전 언어와 고전 언어로 읽은 텍스트에 대한 이해를 다양한 방식으로 보여준다.
- 문학적, 문체적, 역사적, 문화적 맥락에 대한 지식을 통해 고전 언어로 작성된 텍스트를 해석하고 분석한다.
- 다양한 1차, 2차 및 참고 자료의 증거를 종합한다.
- 고전 언어로 된 텍스트와 고전 문화 또는 그 전통의 다른 산물에 대한 관련 분석으로 뒷받침되는 논거를 구성한다.
- HL 과정에서는 고전 언어로 작성된 산문과 운문 텍스트를 모두 사용하여 위의 목표 중 1, 2, 3번을 측정한다.

〈고전언어 한눈에 보는 평가 Assessment at a glance〉

평가 유형	평가 형식	시간 SL	시간 HL	최종성적 가중치 SL	최종성적 가중치 HL
외부평가		3	3.5	70	80
논문 1	SL- 미학습 발췌문을 기반으로 한 독해 및 번역 HL- 미학습 발췌문 세트를 기반으로 한 독해, 번역 및 가이드 분석 문제	1.5	2	35	30
논문 2	SL/HL- 단답형 문제 기반 규정된 핵심 내용에서 발췌한 텍스트와 프롬프트에 기반한 확장된 응답을 기반	1.5	1.5	35	30
HL 구성	HL 전용 – 산문 라틴어 또는 고전 그리스어로 된 독창적인 작품 의도에 따라 작성되고 고전적 출처와 추가 연구를 바탕으로 한 연구. 학생들은 작문과 함께 작문의 의도를 달성한 방법을 설명하는 10개 이하의 근거를 제출.	–	–	–	20
내부평가		–	–	30	20
연구 자료	SL/HL-고전 언어, 문학 또는 문화와 관련된 주제에 대한 질문에 답하는 7~9개의 1차 자료로 구성된 주석이 달린 컬렉션. 이 자료에는 해당 질문의 영감이 된 추가 자료가 소개되어 있음.	–	–	30	20

(3) 개인과 사회(Individuals and Societies) 평가

개인과 사회(Individuals and Societies) 과정은 비즈니스 관리(Business Management), 디지털 사회(Digital Society), 경제학(Economics), 지리(Geography), 글로벌 정치(Global Politics), 역사(History), 언어와 문화(Language And Culture), 철학(Philosophy), 심리학(Psychology), 사회 및 문화 인류학(Social And Cultural Anthropology), 세계 종교(World Religions)로 구성된다. 여기에서는 디지털 사회(Digital Society)에 대한 평가를 중심으로 설명하고자 한다.

디지털 사회(Digital Society)의 평가 모델은 다음과 같으며, 아래 내용을 이해하고, 적용하고, 분석하고, 평가하고, 종합한다.

- 수업 주제, 지속적인 이해 및 탐구 영역
- 디지털 시스템과 관련된 실제 사례
- 다양한 출처의 주장 및 관점
- 사람과 커뮤니티에 대한 디지털 시스템의 영향 및 시사점
- 새로운 트렌드와 미래 발전
- 디지털 사회의 도전과 개입(HL만 해당)

다음을 포함한 디지털 사회 기술을 개발하고 개선한다.

- 계획, 문서화 및 피드백을 통한 탐구 프로젝트 관리
- 다양하고 관련성 있는 출처를 사용하여 조사하기
- 비판적이고 창의적인 방식으로 사고하기
- 다양한 모드와 미디어로 소통하기

〈디지털 사회 한눈에 보는 평가 Assessment at a glance〉

평가 유형	평가 형식	시간		최종성적 가중치	
		SL	HL	SL	HL
외부평가		2.75	4.75	70	80
논문 1	강의 계획서를 다루는 질문과 실제 사례를 통합적으로 방식으로 다루고 있음. HL 확장에서는 학생은 또한 도전 과제와 개입을 해결함.	1.50	2.25	40	35
논문 2	강의 계획서를 통합적으로 다루는 소스 기반 질문 강의 계획서를 통합적으로 다루고 있음.	1.25	1.25	30	20
논문 2	개입에 관한 질문 개입과 관련된 질문 사전 공개된 요약에 설명되어 있음.	–	1.25	–	25
내부평가	–	30	30	30	20
탐구 프로젝트	선택한 디지털 시스템이 사람과 커뮤니티에 미치는 영향과 의미에 대한 프로젝트에 대한 탐구임. 본 프로젝트는 문의 프로세스 문서, 녹화된 멀티미디어 프레젠테이션 및 참고 문헌 목록과 함께 제출함.	30	30	30	20

(4) 과학(Sciences) 평가

과학(Sciences) 과정은 생물학(Biology), 화학(Chemistry), 컴퓨터 과학(Computer Science), 디자인 기술(Design Technology), 환경 시스템 및 사회(Environmental Systems and Societies), 물리학(Physics), 스포츠, 운동 및 건강 과학(Sports, Exercise and Health Science)으로 구성된다. 여기에서는 생물학(Biology)에 대한 평가를 중심으로 설명하고자 한다.

DP 생물학(Biology) 과정에는 네 가지 평가 목표가 있다. 생물학 과정을 이수한 학생은 다음과 같은 평가 목표를 입증해야 한다.

평가 목표 1: 다음에 대한 지식을 입증한다.
- 용어, 사실 및 개념
- 기술, 기법 및 방법론에 대한 지식

평가 목표 2: 다음 지식을 이해하고 적용한다.
- 용어 및 개념
- 기술, 기법 및 방법론에 대한 지식을 이해하고 적용

평가 목표 3: 분석, 평가 및 종합할 수 있다.
- 실험 절차
- 1차 및 2차 데이터
- 추세, 패턴 및 예측

평가 목표 4

- 통찰력 있고 윤리적인 조사를 수행하는 데 필요한 기술의 적용을 보여줄 수 있다.

〈생물학 한눈에 보는 평가 Assessment at a glance〉

평가 유형	평가 형식	시간 SL	시간 HL	최종성적 가중치
외부평가		3	4.5	80
논문 1	문제지 1A: 객관식 문제 문제 1B: 데이터 기반 문제 (4지선다형 강의 계획서와 관련된 문제 모든 주제를 다루고 있음)	1.5	2	36
논문 2	데이터 기반 및 단답형 질문, 확장형 답변 질문	1.5	2.5	44
내부평가		10		20
과학 조사	과학적 조사는 학생이 스스로 공식화한 연구 질문에 답하기 위해 데이터를 수집하고 분석하는 개방형 과제. 과학적 조사의 결과는 서면 보고서 형식을 통해 평가된다. 보고서의 전체 최대 단어 수는 3,000단어.	10		20

(5) 수학(Mathematics) 평가

수학(Mathematics) 과정은 분석 및 접근법(Analysis and Approaches), 응용 및 해석(Applications and Interpretation)으로 구성된다. 여기에서는 분석 및 접근법(Analysis and Approaches)에 대한 평가를 중심으로 설명하고자 한다.

문제 해결은 수학 학습의 핵심이며 일상적이지 않은 개방형 문제와 실제 문제를 포함한 다양한 상황에서 수학적 기술과 개념을 습득하는 것을 포함한다. 평가 목표는 수학: 응용 및 해석과 수학: 분석 및 접근 방식에 공통적으로 적용된다. 분석 및 접근법(Analysis and Approaches)의 평가 모델은 다음 같다.

지식과 이해 (Knowledge and Understanding)

익숙하거나 익숙하지 않은 다양한 맥락에서 수학적 사실, 개념 및 기술에 대한 지식을 기억하고, 선택하고, 사용한다.

문제 해결 (Problem Solving)

추상적 및 실제 상황에서 수학적 기술, 결과 및 모델에 대한 지식을 기억하고, 선택하고, 사용하여 문제를 해결한다.

의사소통 및 해석 (Communication and Interpretation)

일반적인 현실적 상황을 수학으로 변환하고, 상황에 대해 설명하며, 종이나 기술을 사용하여 수학적 도표, 그래프 또는 구조를 스케치하거나 그리며, 표준화된 표기법을 사용하여 방법, 해결책 및 결론을 기록하고, 적절한 표기법과 용어를 사용한다.

기술 (Technology)

새로운 아이디어를 탐구하고 문제를 해결하기 위해 정확하고 적절하며 효율적으로 기술을 사용한다.

추론 (Reasoning)

정확한 진술, 논리적 추론 및 추론, 수학적 표현의 조작을 통해 수학적 논증을 구성한다.

탐구 접근법 (Inquiry Approaches)

추상적이거나 현실 세계의 낯선 상황을 조사하여 정보를 정리 및 분석하고, 추측하고, 결론을 도출하고, 타당성을 테스트한다.

탐구는 코스와 평가의 필수적인 부분이며 SL과 HL 학생 모두에게 필수이다. 이를 통해 학생들은 필기 시험과 관련된 시간 제한 및 기타 제약 없이 자신의 기술과 지식의 적용을 입증하고 개인적인 관심사를 추구할 수 있다.

〈수학 : 분석 및 접근법 한눈에 보는 평가 Assessment at a Glance〉

평가 유형	평가 형식	시간 SL	시간 HL	최종성적 가중치 SL	최종성적 가중치 HL
외부평가		3	5	80	80
논문 1	기술 허용. 강의 계획서를 기반으로 한 단답형 문제가 필수	1.5	2	40	30
논문 2	기술 허용. 강의 계획서에 기반한 필수 주관식 문제	1.5	2	40	30
논문 2	기술 허용. 두 개의 필수 확장된 응답 문제 해결 문제	–	1	–	20
내부평가					
탐색		15	15	20	20

(6) 예술(Arts) 평가

예술(Arts) 과정은 댄스(Dance), 영화(Film), 음악(Music), 연극(Theatre), 시각 예술(Visual arts)로 구성된다. 여기에서는 영화(Film)에 대한 평가를 중심으로 설명하고자 한다.

영화(Film) 과정을 마치면 SL 또는 HL의 학생들은 다음을 수행할 수 있을 것으로 예상되며, 영화 과정의 평가 모델은 다음 같다.

특정 맥락과 프로세스에 대한 지식과 이해

- 다양한 영화 텍스트에서 의미 전달과 관련된 영화 요소를 식별한다.
- 연구와 예술적 노력에서 비롯된 작업에 대한 개인적인 의도를 공식화한다.
- 분석을 뒷받침하기 위해 자신의 영화 제작 작업에서 유익한 순간과 사례를 식별한다.
- 영화, 영화 제작자 및 기술에 대한 연구와 실제 참여에서 얻은 아이디어, 발견 및 학습을 제시한다.

지식과 이해의 적용 및 분석

- 다양한 문화적 맥락에서 영화를 분석하고 영화의 초점 영역과 영화 제작자가 사용하는 영화 요소 간의 연관성을 설명한다.
- 영화, 영화 제작자 및 다양한 문화적 맥락에 대한 지식과 이해를 바탕으로 영화 작품 창작에 영향을 주고, 정보를 제공하고, 영향을 줄 수 있는 능력을 발휘한다.
- 영화 제작자가 사용하는 관련 기술, 기법 및 프로세스를 이해하기 위해 다양한 영화 제작 역할을 탐색하고 실험한다.

종합 및 평가

- 분석을 뒷받침하기 위해 다양한 정보 출처를 비판적으로 해석한다.
- 영화 제작자, 영화 및 다양한 문화적 맥락을 비교하고 대조하여 영화가 집중하는 특정 영역에 대한 이해를 높인다.
- 자신과 다른 사람이 만든 영화를 평가하고 적절한 영화적 언어와 어휘를 사

용하여 정보에 입각한 개인적인 반응을 표현한다.
- 협업 과정과 핵심 제작팀의 일원으로서 겪은 성공과 도전에 대해 성찰한다.

다양하고 적절한 기술과 기법을 선택, 사용, 적용

- 발표를 위해 자신의 작품을 조립할 때 단어, 이미지, 사운드 및 기법을 적절히 선택한다.
- 스크린에 의미를 전달하는 영화 작품을 제작하기 위해 다양한 영화 제작 역할을 경험한다.
- 영화 작품을 제작할 때 다른 사람들과 효과적으로 협업한다.

**미래형 교육 혁신,
국제 바칼로레아 IB**

VI.
직무연관 프로그램

VI.
직무연관 프로그램

1. CP의 개요

 국제 바칼로레아 「진로 관련 프로그램(Career-related Programme, 이하 CP)」은 진로 관련 학습에 참여하고자 하는 학생들을 위해 특별히 개발된 독특한 프로그램이다. CP는 2006년 핀란드의 국제 바칼로레아가 주도한 프로젝트에서 시작되었으며, IB 디플로마 프로그램 과정과 진로 관련 학습을 결합한 새로운 프로그램으로 두 부분을 통합한 'IBCC 코어'를 개발하는 것을 목표로 했다.

 전 세계 학교가 참여한 6년간의 시범 운영을 거쳐 2012년에 IB 디플로마 프로그램 학교가 IBCC를 이용할 수 있게 되었다. 2006년에 IB 커리어 관련 자격증(IBCC)으로 시작하여 2014년 11월에 CP로 재출범했다. 2023년 9월 현재, 52개국에서 370개 학교가 CP를 제공하고 있다.

 CP의 유연한 교육 프레임 워크를 통해 학교는 학생들의 요구, 배경, 상황에 맞게 교육할 수 있다. CP 학생들은 진정으로 흥미를 느끼는 엄격한 학습 프로그램에 참여하면서 평생 활용할 수 있는 기술을 습득한다.

CP는 IB 디플로마 프로그램(DP)의 높은 평가를 받고 국제적으로 인정받는 과정과 고유한 CP 핵심 및 승인된 진로 관련 학습을 결합한 포괄적인 교육 프레임워크를 제공한다.

2. CP의 커리큘럼

국제 바칼로레아(IB) 진로 관련 프로그램(CP)은 세 부분으로 구성된 교육 프레임워크이며, 다음고 같이 구성되어 있다.

- 디플로마 프로그램(IB Diploma Programme)
- CP 핵심 과목(CP core)
- 진로 관련 학습(Career-related Studies)

학생들은 해당 프로그램의 과목에서 최소 두 개의 DP 과정을 이수해야 하며, DP 과정은 CP의 이론적 토대와 학문적 엄격함을 제공하고 강화한다. CP 핵심 구성 요소는 DP 과정과 커리어 관련 학습에 맥락을 제공하여 프레임워크의 모든 측면을 하나로 엮어준다.

CP 핵심을 통해 학생들은 평생 학습에 필요한 지적 습관뿐만 아니라 개인적인 자질과 전문 기술을 개발한다. 각 학교는 지역 여건과 학생의 필요에 가장 적합한 진로 관련 학습을 선택한다. 진로 관련 학습은 인증, 평가 및 품질 보증을 위한 IB 기준을 충족해야 한다.

1) CP 핵심 과목

국제 바칼로레아 진로 관련 프로그램(CP)의 핵심 요소인 CP 핵심 과목은 체험 학습에 중점을 두고 학생의 개인 및 대인관계 개발을 향상시킨다. CP 핵심 과목은 IB 학업 과정과 진로 관련 학습을 연결하고 학생들에게 학업과 실용적인 기술을 결합하여 제공한다. 다음 네 가지 상호 연관된 구성 요소가 CP의 핵심 과목이다.

(1) 개인 및 전문 기술 (Personal and Professional Skills)

개인 및 전문 기술은 학생들이 현재와 미래의 개인 및 전문적 상황과 맥락에 적용할 수 있는 태도, 기술 및 전략을 개발할 수 있도록 설계되었다. 이 과정에서는 직장에서의 기술 개발에 중점을 두며, 이러한 기술은 이전이 가능하고 다양한 상황에 적용할 수 있다.

(2) 봉사 학습 (Service Learning)

봉사 학습은 확인된 진정한 커뮤니티의 필요를 충족하기 위해 지식과 기술을 개발하고 적용하는 것이다. 이 연구 기반 접근 방식에서 학생들은 종종 자신의 학문 분야에서 이전에 공부한 주제와 관련된 봉사 활동을 수행하며, 이러한 연구에서 개발된 기술, 이해 및 가치를 활용한다.

(3) 성찰 프로젝트 (Reflective Project)

성찰 프로젝트는 장기간에 걸쳐 제작한 심도 있는 작업물로, CP 마지막에 제출한다. 학생들은 성찰 프로젝트를 통해 진로 관련 학습에서 발생하는 윤리적 문제를 식별, 분석, 비판적으로 토론하고 평가한다. 성찰 프로젝트는 높은 수준의 연구, 글쓰기 및 확장된 의사소통 능력, 지적 발견 및 창의성을 촉진하기 위한 것이다.

(4) 언어 개발 (Language Development)

언어 개발은 모든 학생들이 더 넓은 세상에 대한 이해를 돕고 증진할 수 있는 언어 프로그램을 이용할 수 있도록 보장한다. 2개 이상의 언어로 의사소통할 수 있는 능력은 IB의 국제 교육 개념에 필수적이다. 언어 개발은 학생들이 가장 잘하는 언어가 아닌 다른 언어의 능력을 향상하도록 장려한다.

2) 진로 관련 학습(Career-Related Studies)

국제 바칼로레아(IB) 진로 관련 프로그램(CP) 학생은 디플로마 프로그램(DP) 과정, CP 핵심 과정, 진로 관련 학습(Career-Related Studies, 이하 CRS)을 동시에 이수해야 한다. 진로 관련 학습은 학생들이 고등 교육, 인턴십, 견습직 또는 특정 관심 분야의 직업을 준비할 수 있도록 설계되었다.

이 프로그램은 학생들이 실제적이고 의미 있는 맥락에서 폭넓은 기술을 개발하면서 응용과 실습을 통해 이론과 개념을 배울 수 있는 기회를 제공한다. 프로그램을 이수한 학생은 진로 관련 학습 제공자가 수여하는 국제 바칼로레아 진로 관련 프로그램 인증서와 중등학교 및 고등학교 졸업장을 받게 된다.

IB는 다양한 양질의 직업 관련 연구 제공업체와의 관계 구축의 가치를 인정하고 있다. 이러한 제공업체 중 다수는 IB와 공식적인 협력 계약을 체결했으며 CRS 전략 제공업체로 알려져 있다. 이들의 진로 관련 학습은 다양한 CP 학교에서 실행할 수 있는 잠재력을 제공하는 것으로 확인되었다. 따라서 학교는 CP를 개발하고 향상시키기 위해 이러한 옵션을 자신 있게 고려해야 한다.

개별 CP 학교의 요구를 지원하기 위해 지역적 맥락에서 일하고 있는 다른 진로 관련 학습 제공자들도 인정하고 소중하게 생각한다. IB는 현재 다음과 같은 CRS 전략 제공업체와 협력하고 있다. IB는 현재 진로 관련 학습(Career-Related Studies) 전략 제공업체와 협력하고 있으며, 주요 협력 기관은 아래와 같다.

▎애리조나 주립대학교 (Arizona State University, ASU)
혁신, 지속 가능성, 글로벌 영향력에서 높은 평가를 받고 있는 미국 공립대학교이자 유학생들이 가장 선호하는 대학이다.

▎공인회계사협회
(Association of Chartered Certified Accountants, ACCA)
지속 가능한 경제와 번영하는 사회를 만드는 데 필수적인 재무 및 비즈니스 기술을 갖춘 미래 지향적인 전문가를 육성한다.

마이크로 소프트 (Microsoft Corporation)

모바일 및 클라우드 우선 세상을 위한 선도적인 플랫폼 및 생산성 회사로, 전 세계적으로 CP의 CRS 구성 요소인 「마이크로 소프트 기술 학습 과정(Microsoft Skills Learning Path, MSLP)」을 제공한다.

피어슨 (Pearson)

다양한 「비즈니스 및 기술 교육 위원회(Business & Technology Education Council, BTEC)」 자격증을 개발하여 미주, 유럽, 아프리카, 중동 및 아시아에서 운영하고 있다.

사바나 예술 디자인 대학 (Savannah College of Art & Design, SCAD)

: 미국과 프랑스의 캠퍼스와 온라인 학습을 통해 과정을 제공한다.

지속 가능성 관리 학교
　(Sustainability Management School, SUMAS)

: 교육으로 영향력을 발휘할 준비가 된 학생들을 위한 혁신적인 학습 프로그램을 제공한다.

멕시코 푸에블라 주립대학교
(Universidad Popular Autónoma del Estado de Puebla, UPAEP)

멕시코 푸에블라에 위치한 고등 교육 기관으로, 혁신적 리더를 양성하기 위해 설립되었다.

▌세계 스포츠 아카데미(World Academy of Sport, WAoS) :
탁월한 교육 프로그램과 파트너를 통해 국제 스포츠 분야의 참가자들에게 학습 경로를 제공한다.

**미래형 교육 혁신,
국제 바칼로레아 IB**

VII.
국제바칼로레아 교육의 성과

VII. 국제바칼로레아 교육의 성과

1) MYP 교육의 성과

 전 세계 대학 및 독립 연구 기관과 협력하여 IB의 4개 프로그램인 초등 프로그램(PYP), 중등 프로그램(MYP), 디플로마 프로그램(DP) 및 직업 관련 자격증(IBCC)의 영향과 결과를 조사하는 엄격한 연구를 수행한다. 조사 분야는 표준 조정, 프로그램 구현, 학생 성과, 학습자 프로필 등이 포함된다. 아래 조사 결과는 IB가 의뢰한 MYP 관련 독립적인 연구 결과이다.

 미국의 대규모 학군에서 진행된 연구에서는 MYP 학교 5곳의 학생 참여도와 성과를 MYP 프로그램이 없는 학교 5곳과 비교하여 조사했다. 미국 주정부 평가를 기준으로, MYP 학생이 수학 및 과학 평가에서 능숙하거나 고급 수준의 성과를 달성한 비율이 더 높은 것으로 나타났다.

⟨MYP 학교와 비MYP 학교에서 수학, 읽기, 과학에서 능숙 또는
고급 점수를 받은 학생의 비율(2009-2010년)[12]⟩

		MYP schools		Comparison schools	
	Grade	N	Per cent	N	Per cent
Mathematics Proficient or advanced	6	1,058	85.7***	1,090	82.6
	7	1,300	82.8**	1,115	78.9
	8	1,243	78.7***	1,228	73.1
Reading Proficient or advanced	6	1,034	90.9	1,071	90.8
	7	1,254	88.8	1,091	90.0
	8	1,208	88.7	1,182	88.2
Science Proficient or advanced	8	1,343	77.5***	1,293	72.0

*p < .05; **p < .01; ***p < .001.

같은 미국 학군 내에서 진행된 후속 연구에서 MYP에 등록한 경험이 학생들의 글로벌 마인드에 긍정적인 영향을 미치는 것으로 나타났다. MYP 출신 학생들은 글로벌 마인드 설문조사에서 비MYP 학교에 다녔던 학생들보다 더 긍정적으로 응답했다.

---

12 Wade, J and Wolanin, N. 2013. Continuation Study of Student Performance and Engagement in the Middle Years Programme. Bethesda, MD, USA. International Baccalaureate Organization.

호주교육연구위원회(ACER)에서 실시한 글로벌 연구에서는 국제학교 평가(ISA)에서의 학생 성적을 조사한 결과, PYP 및 MYP 학생의 수학 성적을 비MYP 학생과 비교하여 살펴봤다.

〈IB 학생과 비IB 학생의 학년별 성과 차이의 효과 크기(2012)[13]〉

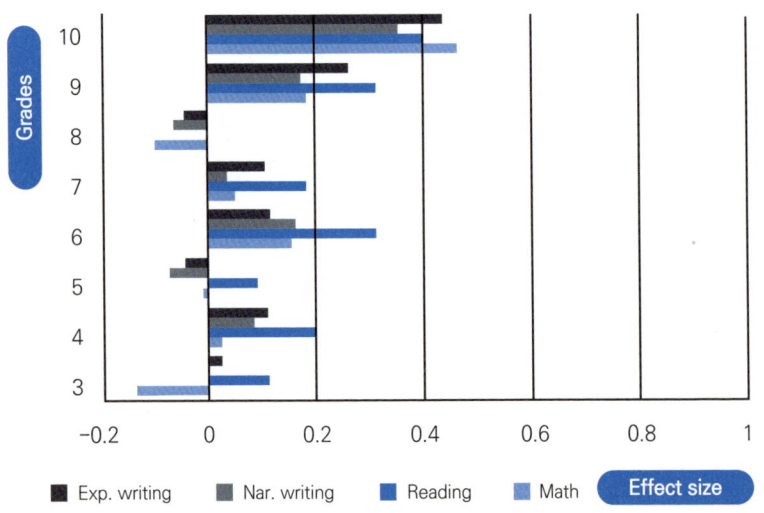

---

13 Tan, L and Bibby, Y. 2012. Performance Comparison between IB School Students and Non-IB School Students on the International Schools' Assessment (ISA) and on the Social and Emotional Wellbeing Questionnaire. Melbourne: Australian Council for Educational Research. Wade, Julie. 2011. Student Performance and Student Engagement in the International Baccalaureate Middle Years Programme. Bethesda, MD: International Baccalaureate Organization.

수학, 읽기, 설명 및 서술 쓰기에서 PYP 및 MYP 학생들의 성취도를 비IB 학생들과 비교했다. 총 50,714명의 유학생(이 중 68%가 IB 학생)의 데이터에 따르면 PYP 및 MYP 코호트는 네 가지 평가 영역과 여러 학년 수준에서 비IB 학생들보다 더 우수한 성적을 거둔 것으로 나타났다. 특히 9학년과 10학년 수학 및 읽기 영역에서 IB 학생의 평균 점수가 이들 과목의 OECD 국제 학생 평가 프로그램(PISA) 평균보다 훨씬 높았기 때문에 MYP 학생들의 점수가 특히 높았다.

2) DP 교육의 성과

국제 연구에 따르면 다른 16~19세 커리큘럼보다 DP를 선택하면 많은 이점이 있는 것으로 나타났다. 예를 들어 미국에서 DP 졸업생의 고등교육 이후 성과에 관한 연구에서 DP 학생들은 전국 평균보다 높은 비율로 등록, 유지, 졸업하는 것으로 나타났다.

학생 성과를 비교한 연구에 따르면 영국의 고등 교육 기관에서 공부하는 IB 학생들은 A 수준의 또래 학생들보다 긍정적인 고등교육 성과를 달성할 확률이 더 높다. 또한 아시아 태평양 지역의 한 연구에 따르면 DP 졸업생은 평균적으로 비DP 졸업생에 비해 다양한 21세기 기술에 대한 역량이 더 높은 것으로 나타났다.

「국제 바칼로레아 디플로마 프로그램과 비디플로마 프로그램 학생을 비교한 호주대학 연구(2024년)」는 호주에서 국제 바칼로레아(IB) 디플로마 프로그램(DP)을 이수한 학생과 그렇지 않은 학생의 대학 진학 결과를 전국적으로 비교한 것이다. 연구 결과는 2013년부터 2018년까지 호주에서 대학에 지원하여 입학한 모든 학생의 인구 수준 데이터를 기반으로 한다.

  연구진은 DP 학생과 비DP 학생의 특성 차이를 파악하기 위해 성별과 사회경제적 지위 등 유사성이 높은 인구 집단별 결과를 추가로 조사했다. 모든 코호트 조사에서 DP 학생들은 대학 입학 제안을 받고, 2학년까지 계속 공부하며, 연구 내에서 조사된 모든 체크 포인트(시작 후 4년, 6년, 9년)에서 비DP 학생보다 훨씬 높은 비율로 대학을 수료하는 것으로 나타났다. 또한 다양한 사회경제적 배경을 가진 학생들이 DP를 이수하면 대학 진학률에서 유리한 것으로 나타났다.

  비DP 학생보다 DP 학생의 대학 입학 제의가 훨씬 높음 모든 코호트(2013~2018년)에서 대학에 지원한 거의 모든 DP 학생이 입학 제의를 받았다. 아래 표에서 볼 수 있듯이 매년 DP과 비DP 학생 간에 약 10%포인트의 통계적으로 유의미한 차이가 있다.

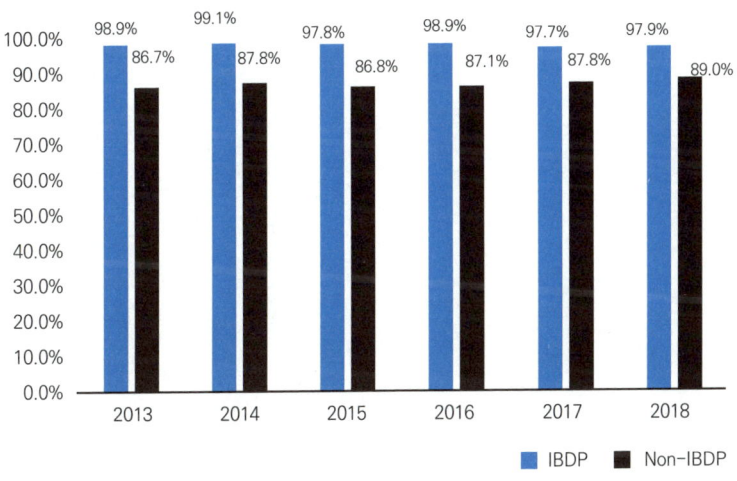

〈DP 학생과 비DP 학생의 대학 입학 제의 비교조사(2013~2018년)〉

**미래형 교육 혁신,
국제 바칼로레아 IB**

VIII.
나가며

VIII. 나가며

  IB 교육 프로그램은 비판적 사고, 창의성, 글로벌 시각을 강조하여 현재 글로벌화된 세계에서 성공하기 위한 필수적인 능력으로 인식되고 있다. 특히 최근 몇 년 사이 IB 프로그램이 점차 인기를 얻고 있으며, 많은 한국의 학교에서 이를 한국 교육 시스템의 대안으로 보고 있다.

  반대 여론도 거세다. IB 교육 도입에 대한 우려를 나타내는 교육자들과 교육행정가들도 많은게 현실이다. IB 교육의 도입이 수능으로 표준화된 입시 중심의 한국 교육에 어울리지 않는다는 의견과 프로그램 운영비를 IBO에 로열티로 제공함으로써 교육예산 낭비라는 비판도 제기된다.

  본 책에서는 국제바칼로레아(IB) 개요, 초등교육 프로그램(PYP), 중등교육 프로그램(MYP), 디플로마 프로그램(DP), 직무연관 프로그램(CP) 등으로 대별하여 차례로 설명하고 마지막 장에서는 국제바칼로레아 교육의 성과에 대해 서술하였다.

특히 언어와 문학 연구(Studies in language and literature), 언어 습득(Language acquisition), 개인과 사회(Individuals and Societies), 과학(Sciences), 수학(Mathematics), 예술(Arts) 등 디플로마 프로그램(DP)의 6개 주요 과목 및 세부 과목을 개요, 목표, 커리큘럼 모델 순으로 자세히 설명하였다.

본 책에서는 IB의 도입과 한국형 입시제도에 대한 적용 등에 대한 문제는 전혀 다루지 않는 한계가 분명 있다. 그러나 디플로마 프로그램(DP)의 6개 주요 과목 및 세부 과목을 상세히 다룸으로써 IB 교육 프로그램에 대한 구체적인 이해를 돕고자 하였다. 향후 발전적인 IB 교육 프로그램의 연구를 위한 기초 자료로 활용되기 바란다.

에필로그

2022년 전국 시·도 교육감 선거에서는 여러 후보들이 공교육에 IB 도입을 주요 공약으로 내세웠고, 이에 따라 최근 여러 시·도 교육청이 이를 실현하기 위한 준비를 본격화하고 있다.

IB의 국내 도입을 위해 향후 풀어야 할 숙제도 많다. 2023년 발표된 「국제 바칼로레아(IB)의 국내 도입 현황 및 과제[14]」의 정책 제언을 요약하면 다음과 같다.

IB를 도입하고 학교 내에서 안착시키기 위해서는 학교 구성원들의 이해와 동의를 바탕으로 한 자발적 참여가 필수적이다. 이를 위해 교원과 학부모를 대상으로 한 설명회, 온라인 및 오프라인 연수, 영상 자료 제작을 통한 홍보 활동, 토론 및 포럼 등 다양한 활동이 필요하다.

---

14 임유나, 「국제 바칼로레아(IB)의 국내 도입 현황 및 과제」, 교육현안보고서 BRIEF, 교육정책네트워크, 2023년 1호.

IB가 우리 교육제도나 교육과정과 어떻게 맞물리는지에 대한 학교별 검토가 중요하며, 국가 교육과정과의 연계를 원활히 하기 위한 준비와 지원도 필요하다.

　시·도 교육청은 지역 대학과의 협력을 강화하고, 정부는 IB 프로그램의 이수와 대학 입학 제도를 조율하여 IB 디플로마 프로그램 이수자의 국내 대학 진학을 확대 지원해야 한다. 또한, 교사의 전문성을 높이기 위해 연수 및 상담, IB교사 간의 더욱더 효율적이고 내실있는 협력 네트워크 구축이 필요하며, 충분한 예산을 확보하여 IB 인증 학교로의 전환을 지원해야 한다.

미래형 교육 혁신, 국제 바칼로레아 IB

초판인쇄 2024년 04월 22일
초판발행 2024년 04월 26일
지 은 이 김은미
펴 낸 이 김도균
I S B N 979-11-973527-9-9
펴 낸 곳 도서출판 리케이온
　　　　　출판등록 제2016-000007호
　　　　　대구광역시 중구 달성로 10, 동산빌딩 5층
　　　　　전화 053-784-8666, 010-3439-7939
　　　　　팩스 0505-966-8666
　　　　　이메일 loverofart@daum.net
　　　　　홈페이지 www.lykeionbook.kr

정가 15,000원

이 책은 저작권법에 따라 보호받는 저작물이므로 무단복제를 금합니다.
이 책 내용의 전부 또는 일부를 이용하려면 반드시 저작권자와 도서출판 리케이온의 서면 동의를 받아야 합니다.